Horst-Dieter Landeck

Flensburg

Ein Reisebegleiter

BOYENS

Angaben über Fahrpläne, Öffnungszeiten und Preise sowie Telefonnummern sind ohne Gewähr.

BOYENS
BUCHVERLAG

ISBN 3-8042-1193-3
ISBN 978-3-8042-1193-3

Texte, Fotos und Karten: Horst-Dieter Landeck
Herstellung: Boyens Offset, Heide
Printed in Germany

Inhalt

KULT
BRAZIL

Vorwort

Flensburg ist Deutschlands Tor nach Norden und liegt, eingebettet von Hügeln, im innersten Winkel der Förde. Eine über 700-jährige Stadtgeschichte hat diese Handels- und Hafenstadt geprägt. Die zahlreichen, liebevoll restaurierten Kaufmannshöfe zwischen der Roten Straße und dem Nordertor zeugen von einer regen Handelstätigkeit.

Rum – der Ruhm der Stadt, das ist schon lange her. Im 18. Jahrhundert nutzte Flensburg seine Zugehörigkeit zur dänischen Krone. Bei nur 6000 Einwohnern zählte Flensburgs Flotte über 200 Segelschiffe. Die Flensburger Kaufleute pflegten regen Handel mit Westindien, wo Dänemark Kolonien besaß. Neben tropischen Edelhölzern kamen Kaffee, Kakao, Zuckerrohr und vor allem Rum an die Förde. Durch den Transport wurde das geisthaltige Getränk sehr teuer. So ersannen findige Kaufleute den „Flensburger Rum", indem sie die Originalware mit billigem, einheimischem Schnaps verschnitten. Das älteste Rumhaus der Stadt „Sonnenberg" wurde 1781 gegründet. Flensburgs kleinstes Rumhaus im Johannsen-Hof, Marienstraße 8, hat als letzter Betrieb noch seine Produktionsstätten in Flensburg.

Bei soviel Rum darf ein Rum-Museum nicht fehlen. Es befindet sich im Kellergeschoss des ehemaligen Zollpackhauses, wo noch vor hundert Jahren der Rum unter Zollverschluss gelagert wurde. In den oberen Stockwerken gibt es viel über Flensburgs maritime Geschichte zu erfahren, denn dort hat das Schiffahrtsmuseum sein Domizil. Vor dem Museum liegen die traditionellen Segelschiffe im Museumshafen und Deutschlands ältester Salondampfer „Alexandra" gleich daneben an der Pier. Ein weiterer Publikumsmagnet ist der Museumsberg mit seinen Sammlungen im Heinrich-Sauermann-Haus und im Hans-Christiansen-Haus.

Schließlich bietet das Land zu beiden Seiten der Förde zahlreiche Ausflugs-, Erlebnis- und Erholungsmöglichkeiten. Nach Glücksburg (Wasserschloss) und Gråsten besteht eine Fährverbindung.

700 Jahre Stadtgeschichte

Blick vom Gästehafen zur Marienkirche

Die Gründung der Stadt als Handelsplatz geht auf eine Sage zurück. Danach gab Herzog Knud Laward aus Schleswig Ritter Fleno den Auftrag, am innersten Ende der Flensburger Förde eine Burg zu errichten. Der Name Flensburg geht angeblich auf Fleno-Burg zurück. Herzog Knut Laward war von 1119 bis 1131 Statthalter eines der wichtigsten Handelsplätze in Nordeuropa, denn Schleswig wurde nach der Zerstörung des Wikinger-Zentrums Haithabu zur Drehscheibe im Ost-West-Handel. Ebenso wie Schleswig lag Flensburg an der Kreuzung zweier wichtiger Handelswege. In Nord-Süd-Richtung verläuft der Ochsen- bzw. Heerweg, in Ost-West-Richtung der Handelsweg von Friesland nach Angeln. Die Friesische Straße und die Angelburger Straße, die am Südermarkt beginnen, deuten noch auf diesen wichtigen Handelsweg hin. Es ist zu vermuten, dass es schon vor der Errichtung der Fleno-Burg an der Förde einen Handelsplatz gegeben hat und Herzog Knut Laward diesen besser kontrollieren wollte, denn dieser Platz diente, ebenso wie Schleswig, dem Ost-West-Handel. Die flachgehenden Schiffe jener

Zeit erreichten, von der Nordsee kommend, über die Lecker Au den Hafen von Leck. Somit trennten nur wenige Kilometer Landweg die Ausgangshäfen zur Nord- und Ostsee. Im Schutz der Burg konnten sich Kaufleute und Handwerker ansiedeln.

Die St.-Johannis-Kirche wurde vermutlich nach 1160 erbaut. Im gleichen Zeitraum entstanden in Angeln 32 Dorfkirchen. Die kleine Turmburg und die Kirche waren wahrscheinlich die einzigen Steinbauten der Siedlung, denn die Wohnhäuser bestanden in jener Zeit aus Holz, Lehm- oder Flechtwerk.

Um 1200 entstand ein neuer Typ von Frachtseglern, die Nef, ein Vorläufer der Kogge. Für die Nef reichte aber die Wassertiefe in der Fördespitze nicht aus. Vermutlich war dies der Hauptgrund für die neue Marktsiedlung, dem heutigen Nordermarkt mit der St.-Marien-Kirche, die unter König Knud VI. angelegt wurde. 1240 wird Flensburg in einem Schutzbrief von König Knud an die St.-Knutsgilde (Kaufmannsgilde in Schleswig und Flensburg) zum ersten Mal erwähnt. Acht Jahre später wird die Stadt im Bruderkrieg zwischen König Erik von Dänemark und Herzog Abel von Schleswig verwüstet. 1284 wird das Flensburger Stadtrecht, in Anlehnung an das Schleswiger Stadtrecht, schriftlich festgehalten und am 29. Dezember 1284 von Herzog Waldemar IV. bestätigt;

Königs- und Stadtwappen am Nordertor

Ein beliebtes Motiv bei Malern und Fotografen, der Oluf-Samson-Gang.

damit beginnt die offizielle Stadtgeschichte.
Während im 14. Jh. die Hanse immer stärkeren Einfluss gewann, wurde Flensburg von einer Pestwelle erfasst, die vier Jahre dauerte. Zehn Jahre später (1362) vernichtete eine schwere Sturmflut weite Gebiete Nordfrieslands, wodurch Flensburg seinen Nordseehafen in Leck verlor.
Mitte des 14. Jh. wird die Stadt mit einer Mauer und Toren gesichert. 1411 entsteht unter Königin Margarete I. die Duburg, die seinerzeit als uneinnehmbar galt. Zwischen 1408 und 1431 ist Flensburg fast zwanzig Jahre in Kriege zwischen den Holsteiner Grafen und der Dänischen Krone verwickelt. 1431 nehmen die holsteinischen Grafen die kriegszerstörte und von Seuchen geschwächte Stadt ein. Mit der Einnahme Flensburgs wird das Niederdeutsche Amtssprache und das Stadtrecht wird ins Niederdeutsche übersetzt. 1460 gehört Flensburg jedoch wieder zur dänischen Krone. Eine erste Blütezeit erlebt die Stadt um 1450 durch Viehhandel und Seefahrt. 1485 wird der südliche Teil der Stadt durch einen Großbrand vollkommen zerstört.
Durch den Zerfall der Hanse im ausgehenden 15. Jh. konnte die Stadt profitieren, obwohl sie selbst zur Hanse gehörte. Flensburgs Vorteil lag im Verbleib des dänisch-königlichen Einzugsbereiches bei der Landesteilung mit der herzoglich-gottorfischen Linie. Da die dänische Krone der Stadt viele Privilegien verlieh, entwickelte sich Flensburg zum wichtigsten Handelsplatz des Dänischen Reiches, das außer dem heutigen Dänemark auch Schleswig-Holstein und Norwegen umfasste. Die Flensburger Flotte zählte zum Ende des 16. Jh. etwa 200 Schiffe. Viele freie Kaufleute siedelten sich im 16. Jh. in Flensburg an. Es entstanden die charakteristisch gestaffelten Flensburger Kaufmannshöfe mit dem Kontor und den Privaträumen der Kaufleute auf der Hafenseite, dahinter staffelten sich auf den ansteigenden Grundstücken Lagerräume, Stallungen, Speicher und Wohnräume der Bediensteten.
1526 wird der erste lutherische Pfarrer in der St.-Nikolai-Kirche eingesetzt. Zwei Jahre später

müssen die Franziskanermönche ihr Kloster verlassen. In der 2. Hälfte des 16. Jh. wurden im Kloster Münzen geprägt.
1596 wird das noch erhaltene Nordertor erbaut und 1602 das alte Kompagniehaus gegen das heute noch vorhandene Kompagnietor ausgetauscht.
„Friede ernährt – Unfriede verzehrt" steht über der Durchfahrt des Nordertores. Wie wahr dieser Spruch ist, erlebten die Flensburger im Dreißigjährigen Krieg von 1618–1648 und in den Nordischen Kriegen von 1712–1721. In dieser Zeit wurde die Stadt mehrfach erobert und geplündert. 1627 kam Wallenstein mit seinen Soldaten, 1643 und 1647 besetzten schwedische Truppen die Stadt, 1658 kam der Große Kurfürst und 1713 erneut die Schweden. Als man ab 1721 mit dem Wiederaufbau begann, hatten sich die einst kleinen Handelshäfen Kopenhagen und Hamburg behauptet und Flensburg hatte das Nachsehen. Nach dem Ende der Nordischen Kriege war die Flensburger Flotte auf 9 Schiffe geschrumpft. Doch schon zehn Jahre später begann mit dem Fernhandel aus Dänisch-Westindien Flensburgs zweite Blütezeit. Neben Baumwolle, Tabak und Zuckerrohr war es vor allem Rum, der der Stadt zu neuem Wohlstand verhalf. Ende des 18. Jh. war Flensburgs Flotte auf über 300 Schiffe angewachsen und 1794 gibt es 200 Branntwein-Brennereien in der Stadt, von denen einige bis heute überdauert haben. Das älteste noch erhaltene Rumhaus steht an der Schiffbrücke 16 (Sonnenberg-Rum).

Hafenfront an der Schiffbrücke

Die Napoleonischen Kriege von 1808–1813 gehen auch an Flensburg nicht spurlos vorüber. Mit 125 Schiffen verliert Flensburg fast die Hälfte seiner Flotte. Ab Mitte des 19. Jh. werden die Spannungen zwischen Dänen und Schleswig-Holsteinern bzw. Preußen immer stärker. Der Flensburger Rat versucht durch einen gemäßigten politischen Kurs die Stadt weitgehend aus den kriegerischen Auseinandersetzungen herauszuhalten. So gelingt Flensburg ein weiterer wirtschaftlicher Aufstieg. Von 1803 bis 1864 verdoppelt sich die Einwohnerzahl von 10 000 auf 20 000. In der zweiten Hälfte des 19. Jh. werden die Flensburger Schiffswerft und die Aktien Brauerei gegründet. Durch die zunehmende Einwohnerzahl wird 1866 auf der Förde ein Liniendienst eingerichtet. 1881 erhält die Stadt ihr erstes öffentliches Verkehrsmittel, eine von Pferden gezogene Straßenbahn. Die elektrische Straßenbahn nimmt 1907 ihren Betrieb auf.

1864 wird Flensburg nach der Niederlage Dänemarks gegen Preußen und Österreich für wenige Jahre Sitz der Preußisch-Österreichischen Verwaltung, bis die preußische Verwaltung nach Schleswig umzieht.

Nach dem verlorenen Ersten Weltkrieg stimmte die Mehrheit der Flensburger bei der Volksabstimmung für Deutschland, doch verlor Flensburg seine traditionellen Handelsbeziehungen im Norden. Der Grenzverlauf von 1920, der „Gendarmstien“, ist heute als Rad- und Wanderweg ausgebaut.

Im Zweiten Weltkrieg blieb Flensburg von Bombenangriffen verschont. Kurzzeitig stand die Marineschule in Mürwik im Brennpunkt internationalen Interesses, als Karl Dömitz am 7. Mai 1945 durch die Kapitulation das Ende des Krieges erklärte.

Heute zeigt Flensburg, dass sich Tradition und Fortschritt nicht widersprechen müssen. Neben stilvoll restaurierten Kaufmannshöfen und traditionellen Rumhäusern siedeln sich hier moderne Kommunikations-Unternehmen an.

Nach der Auflösung des Marinestützpunktes entstand auf dem ehemaligen Militärgelände das Projekt Sonwik – Wohnen und Arbeiten auf und am Wasser. Aus dem ehemaligen Marinehafen wurde ein Sportboothafen, gesäumt von Wasserhäusern auf der Mole und in den architektonisch geschickt umgestalteten Kasernen befinden sich heute Büro-, Geschäfts- und Wohnräume.

Bild links: Schiffbrücke Nr. 23

Bild unten: Wasserhäuser mit Bootsliegeplätzen in Sonwik

St.-Marien-Kirche

1284, als Flensburg von Herzog Waldemar IV. das Stadtrecht erhält, wird mit dem Bau der St.-Marien-Kirche begonnen. An gleicher Stelle stand bereits ein wesentlich kleinerer Bau in frühgotischem Stil, der in den Neubau mit einbezogen wurde. Durch die spätere Verlängerung um zwei Joche nach Osten erfolgte die Fertigstellung des schlichten Backsteinbaues erst 1445. Anfang des 18. Jh. wurde der barocke Westturm angebaut, der von 1878–1880 nach Plänen von Johannes Otzen in neugotischem Stil umgebaut wurde. Nur die Mondsichelmadonna aus Sandstein, die der Steinhauer und Schnitzer Heinrich Ringering 1589 angefertigt hatte, blieb erhalten. Im Innern der Kirche befinden sich neben modernen Glasfenster-Zyklen (ca. 1950 und 1960) Kunstschätze aus dem späten Mittelalter bis zur Spätrenaissance.

Bild links: Blick vom Hafen auf St. Marien

Bild rechts: Grabstein an der Fassade der Taufkapelle

Zu den ältesten Kunstwerken zählen die Gewölbemalereien, die im 15. Jh. entstanden sind und unter anderem das Jüngste Gericht darstellen.

Der Altar von 1598 wird als Hauptwerk der Spätrenaissance in Schleswig-Holstein angesehen. Heinrich Ringering und Johann von Bremen schnitzten die Freisäulen und die reich verzierte Umrahmung der Bilder von Johann von

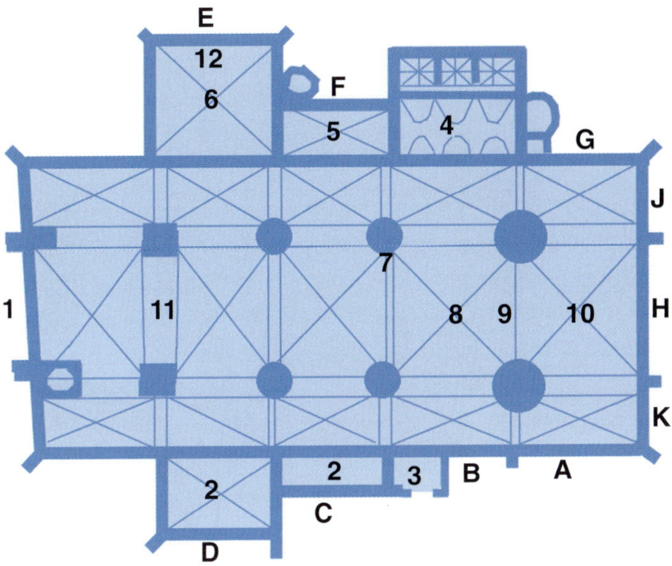

Grundriss St.-Marien-Kirche

1 – Westfassade mit Turm
2 – Südkapelle
3 – Barockportal
4 – Sakristei
5 – Chorkapelle
6 – Taufkapelle

Innenausstattung
7 – Kanzel
8 – Taufkessel
9 – Triumphkreuz
10 – Altar
11 – Orgel
12 – Altar in der Taufkapelle

Fenster
von K. Lassen
A – Weihnachtsfenster
B – Passionsfenster
C – Osterfenster
D – Himmelfahrtsfenster
E – Jüngstes Gericht
F – Pfingstfenster

Fenster von v. Stockhausen
G – Schöpfungsfenster
H – Trinitatesfenster
J – Neues Testament
K – Altes Testament

St. Marien-Pfingstfenster von K. Lassen

SERVAVERIT
MORTEM NON
NON RE
LIQVAM
VOS OR
PHANOS
ANO
DNI
Etliches fiel
auf
ein gut Land

Enum und Hendrick Goltzius. Neben den kirchlichen Motiven, Engeln und Heiligen dürfen die Bildnisse der Stifter natürlich nicht fehlen. Diese erkauften sich durch ihre großzügigen Stiftungen das Recht, vor dem Altar begraben zu werden.

Die prächtig geschnitzte Renaissancekanzel (um 1590) stammt von Hinrich Matthes aus Lübeck. Die Reliefbilder zeigen Motive aus dem Alten und Neuen Testament.

Die Sanduhr auf der Kanzel sollte vermutlich den Prediger daran erinnern, seine Predigt nicht allzu sehr auszudehnen.

Der Flensburger Gießermeister Michael Dibler goss 1591 die Bronzetaufe, die vor dem Triumphkreuz steht. Vier Evangelisten tragen die Taufschale. Die „Kleine Passion“ von Albrecht Dürer diente Michael Dibler als Vorlage.

Von den Epitaphien bedeutender Flensburger Bürger ist das von Georg Beyer von besonderem Interesse, weil es die Stadtansicht Flensburgs um 1590 im Hintergrund zeigt. Rechts neben dem gekreuzigten Jesus ist die Marienkirche (noch ohne Turm) zu sehen.

Bild links: Renaissancekanzel entstand um 1590

Bild rechts: Der Altar von 1598 wird als Hauptwerk der Spätrenaissance in Schleswig-Holstein angesehen

St.-Nikolai-Kirche

An der Außenwand erinnert eine Bronzetafel an das 600-jährige Bestehen der Kirche. Doch schon im 14. Jh. stand an gleicher Stelle eine Kapelle. 1390 begann man mit dem Bau der sakralen Backsteinhalle. Eine Erweiterung um zwei Joche nach Osten wurde 1480 abgeschlossen. Diese Verlängerung des zweiten Bauabschnittes fällt durch

breitere Joche und stärkere Stützpfeiler auf.

1877 wurde der Westturm aus dem 16. Jh. durch Blitzschlag und anschließenden Brand stark beschädigt. Johannes Otzen gestaltete den neuen Turm 1878 in neugotischem Stil.

Ein besonderes Juwel ist die größte Orgel im Landesteil Schleswig. Der Bildhauer und Steinmetz Heinrich Ringering schuf diese bedeutende Renaissance-Orgel zwischen 1604 und 1609. Ionische Säulen, deren Manschetten mit Evangelisten, Aposteln und Posaunenengeln verziert sind, tragen das schwere Gebälk. Das Orgelwerk von Nicolaus Maas aus Stralsund umfasst mehr als 5000 Pfeifen, 66 Register und 4 Manuale. Eine Grundrestaurierung der Orgel wird seit 1997 durchgeführt und voraussichtlich 2003 abgeschlossen sein.

Zu den ältesten Kunstwerken der Kirche gehört die spätgotische Bronzetaufe, die Peter Hansen 1497 schuf. Die Reliefs zeigen u. a. den Weltenrichter sowie Christi Taufe und Kreuzigung. 1722 schnitzte Johann Zimmer den barocken Deckel für das Taufbecken.

Den Übergang vom späten Barock zum Rokoko stellt der Altar von 1749 dar, den Frau Cäcilie Valentiner stiftete.

Die Kanzel, 1570 von Hinrich Matthes angefertigt, ist ein Geschenk des Amtsschreibers Eckenberger und seiner Frau. Die geschnitzten Reliefs der Kanzel erzählen die Lebens- und Leidensgeschichte Christi.

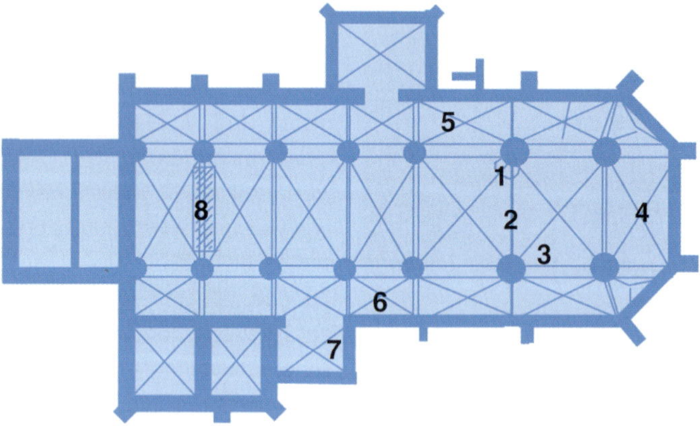

Grundriss St.-Nikolai-Kirche

1 - Kanzel
2 - Triumphkreuz
3 - Tauffass
4 - Altar
5 - Epitaph Holcken
6 - Epitaph Clotz
7 - Kruzifix in der Süderkapelle
8 - Orgel

Heilig-Geist-Kirche

Die Heilig-Geist-Kirche ist in die westliche Häuserzeile der Großen Straße eingebettet. Die Kirche gehörte ursprünglich zum gleichnamigen Hospital und entstand 1336 als Ersatz für eine ältere Kapelle. Da mit dem Kirchenbau am ersten Montag der Fastenzeit begonnen wurde, hieß die Kirche anfangs Laurenzius-Kirche zum Heiligen Geist. Der geschwungene Barockgiebel und der Dachreiter lockern seit 1761 die schlichte Ostfront auf. Im Innern der Kirche fallen die fünf massiven Pfeiler auf, die das nördliche Seitenschiff mit der Spitzbogenarkade tragen. Den Barock-Altar schuf Johann Zimmer um 1720. Die Kanzel, die Heinrich Ringering 1602 schnitzte, wurde 1906 gegen den Willen der Gemeinde in die St.-Jürgens-Kirche gebracht. Der heutige Altar ist ein Geschenk der dänischen Gemeinde aus Chicago um 1927. Das Votivschiff „Dania" in einer Nische der Nordwand und das große Modell der „Tordenskjold" im Seitenschiff bekam die Kirche 1863 geschenkt. Die Fresken stammen von der ersten Ausmalung von 1400 und wurden 1926/27 freigelegt und restauriert. Im westlichen Joch ist der Märtyrertod des Heiligen Erasmus dargestellt, im mittleren Joch ist der Stammbaum Christi „Wurzel Jesse" zu sehen, im folgenden Joch ist Christus als Rich-

Seit 1761 ziert ein Dachreiter den Ostgiebel

ter des jüngsten Gerichts dargestellt.
Seit etwa 1600 diente die Heilig-Geist-Kirche überwiegend der dänischen Gemeinde als Domizil, die oft darum kämpfen musste, ihren Gottesdienst in dänischer Sprache halten zu dürfen. Ab 1660 wurde im Landesteil Schleswig/Sønderjylland als Kirchensprache Hochdeutsch eingeführt, obwohl sich nach Luthers Lehre die Kirchensprache nach der Sprache der Bevölkerung zu richten hatte.

Massive Pfeiler, Wandmalereien und Votivschiffe bestimmen das Bild im Kirchenschiff

St.-Johannis-Kirche

Ab 1160 begann man nahe des Handelsweges von Friesland nach Angeln mit dem Bau einer einschiffigen Feldsteinkirche. Sie ist die älteste Kirche Flensburgs und entstand weitgehend im romanischen Stil. Im 14. Jh. erfolgte die Erweiterung des Rechteckchores in Backstein. Der Bau des Westturmes mit offener Laterne und einer barock geschwungenen Kuppel entstand 1741.

Um 1500 wollte man in der Fischer- und Bauernsiedlung den reicheren Gemeinden in der benachbarten Handelsstadt Flensburg nicht nachstehen. Diese errichteten um diese Zeit neue gotische Kirchen an den beiden Marktplätzen Nordermarkt und Südermarkt. Da das Geld für einen Neubau jedoch nicht reichte, ersetzte man die romanische Balkendecke durch ein gotisches Gewölbe und ließ die Bogenfelder von Peter Lykt ausmalen. Heilkräuter, Blattranken, Apostel, Engel und das Weltgericht sind in ihrer geschlossenen Darstellung bedeutsam.

Weitere sakrale Kunstwerke sind der achteckige Taufstein von 1592, der Kanzelkorb, den Johann von Bremen 1587 schnitzte, der Altar von 1734 sowie der Orgelprospekt aus dem 18. Jh.

St.-Jürgen-Kirche

Die Siedlung Jürgensby wurde erst 1877 eingemeindet. Im Mittelalter lag hier ein Pest- und Lepra-Hospital. Den neugotischen Ziegelbau errichtete O. Hoßfeld von 1904 bis 1907. Sehenswert ist der Altar von 1602. Er stammt aus der Werkstatt des berühmten Schnitzers Ringering. Der Altar wurde 1906 gegen den Willen der dänischen Gemeinde von der Heilig-Geist-Kirche in die St.-Jürgen-Kirche gebracht. Die Seiten der polygonalen Kanzel zieren Reliefs, die die Leidensgeschichte Christi darstellen. Bei der Gestaltung des Orgelprospekts, der Emporen und des Altars im Stil der Neorenaissance orientierte sich der Flensburger Möbelfabrikant Heinrich Sauermann an der Kanzel.

Von der kleinen Anlage unterhalb der Kirche (Kleine und Große St.-Jürgen-Treppe) bietet sich eine großartige Aussicht auf die Altstadt und den Hafen.

Bild links: St. Johannis

Bild rechts: St. Jürgen

Die Museen auf dem Museumsberg

Auf dem Museumsberg, hoch über der Förde, überragen die beiden Museumsgebäude die Altstadt. 1876 gründete der Möbelfabrikant Heinrich Sauermann ein Kunstgewerbemuseum. Dieses lieferte den Grundstock für die heutigen Museen. Die Sammlungen bieten einen umfassenden Einblick in die Kultur- und Kunstgeschichte des nördlichen Schleswig-Holsteins. Im Heinrich-Sauermann-Haus bilden neben einer umfangreichen Möbelsammlung die Bauernstuben des 17. und 18. Jh. einen besonderen Schwerpunkt.

Im Hans-Christiansen-Haus werden Gemälde der schleswig-holsteinischen Maler des 19. und 20. Jahrhunderts gezeigt.

Im Erdgeschoss des Heinrich-Sauermann-Hauses ist im November 2001 das **Naturwissenschaftliche Heimatmuse-**

um wiedereröffnet worden. Der Besucher erhält einen Einblick in die Naturlandschaften Schleswig-Holsteins. Die Eiszeit, die die Oberflächenstruktur dieses Landes geprägt hat, bildet eines von sieben Hauptthemen. Weitere Schwerpunkte sind die verschiedenen Lebensräume des Landesteils Schleswig mit seiner Tierwelt.
Eine systematisch geordnete Gesamtschau zeigt die in Schleswig-Holstein vorkommenden Säugetiere, Vögel, Amphibien, Insekten sowie Fische und Muscheln.

Raum 1
Wald – Die Tiere des Waldes, Säugetiere, Vögel, Käfer, Insekten und Waldameisen

Raum 2
Feldmark – mit Unterabteilung „Lebensraum Knick"

Raum 3
Stadt – Vögel in der Stadt, Insekten, Nager und Fledermäuse

Raum 4
Binnengewässer – Wasservögel, Insekten auf dem Wasser, Fischotter und Amphibien

Raum 5
Moor – Moor und Torf, Vögel, Schlangen und Pflanzen der Moore

Raum 6
Ostsee / Flensburger Förde
Seevögel, Ostseefische, Seehunde, Muscheln und das Skelett eines Schweinswales

Raum 7
Eiszeit – Versteinerungen und Fossilien

Der Museumsrundgang zur **Kulturgeschichte Schleswig-Holsteins** beginnt im 1. Stock des Heinrich-Sauermann-Hauses. Im Treppenaufgang sind neben einem Einbaum-Boot

Heinrich-Sauermann-Haus

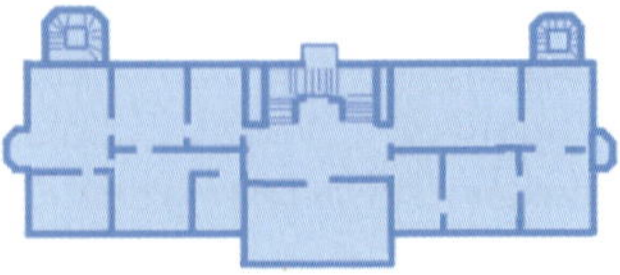

2. Stock
Kulturgeschichte
Barock bis Klassizismus

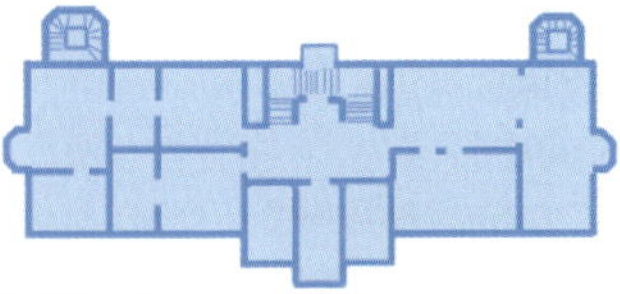

1. Stock
Kulturgeschichte, Gotik und Renaissance

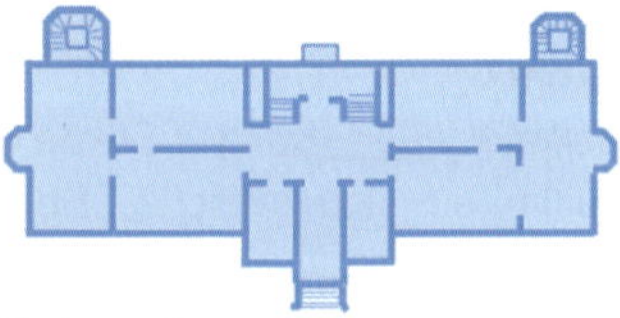

Erdgeschoss
Naturkundemuseum

Hans-Christiansen-Haus

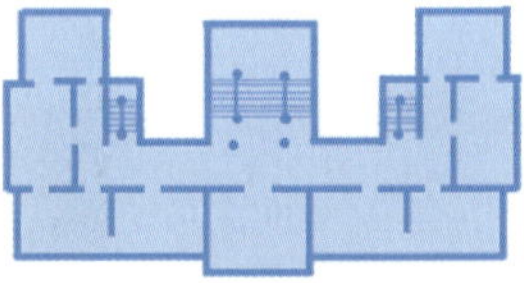

2. Stock
Gemälde und Möbel, 20. Jh.

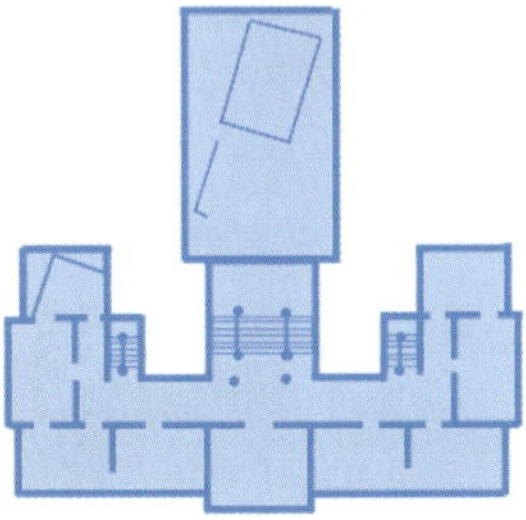

1. Stock
Gemälde und Möbel, 19. Jh.
Kunst auf Weltausstellungen

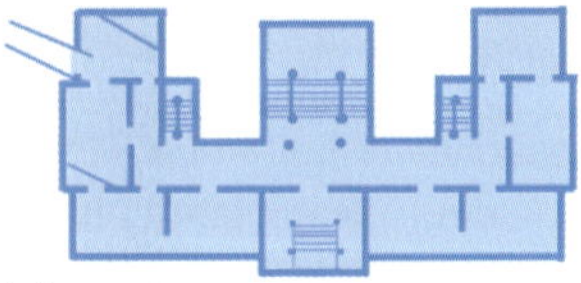

Erdgeschoss
Sonderausstellungen
und Café

Epitaphe und geschnitzte Truhen ausgestellt. Der Rundgang beginnt mit Nordfriesischen Bauernstuben des 17. und 18. Jh., u. a. Pesel und Döns. Pesel wurde der ungeheizte Repräsentationsraum in den Bauernhäusern genannt, der nur zu Festlichkeiten genutzt wurde. Im Gegensatz zum Pesel wurde die Döns durch einen gusseisernen Beileger-Ofen von der Küche aus beheizt.

Raum 1
Pesel (1699) aus Borgsum / Insel Föhr
Raum 2
Pesel (1637) aus Nieblum / Insel Föhr
Raum 3
Pesel (18. Jh.) aus Morsum / Insel Sylt
Raum 4
Riechdosen, Zinngeschirr, Schmuck und Gesangbücher (16. bis 18. Jh.)
Raum 5
Pesel aus Gjenner (1637)
Raum 6
Pesel aus Winnert / Nordfriesland (1702)

Über eine schmale Holztreppe gelangt man ins Zwischengeschoss mit den Räumen 7, 8 und 9

Raum 7
Textile Volkskunst, Webstuhl, Klöppelkissen, Web- und Klöppelarbeiten
Raum 8
Pesel aus Westerbüttel / Dithmarschen (1792)
Raum 9
Keramik aus Flensburg und Hadersleben
Raum 10
Brautkammer der Mühle von Schafflund

Raum 11
Pesel aus Wraaby / Insel Røm (1700)
Raum 12
Döns von der Hallig Hooge (um 1670)
Raum 13
Schleswiger Volkskunst, Trachten, Schränke, geschnitzte Mangelbretter, Webbretter und kunstvoll verzierte Kuchenrollen
Raum 14
Kirchliche Kunst der Gotik
Raum 15
Kirchliche Kunst der Spätgotik von 1500–1540
Marienaltar von 1517
Raum 16
Kirchliche Kunst der Frührenaissance von 1540–1580
Raum 17
Kirchliche Kunst der Spätrenaissance von 1580–1620
2. Stock
Raum 18
Bürgerstube aus Friedrichstadt (1625)
Raum 19
Holländische Wohnkultur in Schleswig-Holstein (1600–1650)
Raum 20, 21
Möbel aus Schleswig und den Niederlanden (1610–1750)
Holländische Fayencen, Truhen, Schränke und Mörser
Raum 22
Barock (1620–1760)
Möbel mit Intarsienarbeiten, Ofenplatten und Geschirr
Raum 23
Rokoko (1720–1780)
Fayencen und Einrichtungsgegenstände
Raum 24
Bürgerzimmer aus Schleswig (18 Jh.)
Raum 25
Empire und Biedermeier

(1780–1830)
Tafelklavier von 1829
In den übrigen Räumen finden Sonderausstellungen statt

Hans-Christiansen-Haus
Seit 1997 befindet sich die Gemäldegalerie Norddeutscher und Schleswig-Holsteinischer Maler im Hans-Christiansen-Haus auf dem Museumsberg. Im Erdgeschoss finden regelmäßig Sonderausstellungen statt.
Der Rundgang durch die Dauerausstellung, in der die Gemälde durch Möbel der jeweiligen Zeitepoche ergänzt werden, beginnt im 1. Stock.
Raum 1
Klassizismus
Der Einfluss der Kopenhagener Akademie
Arbeiten von Hermann Wilhelm Bissen, Johann Ludwig Lund und Detlef Conrad Blunck
Raum 2
Landschafts- und Stillleben-malerei (frühes 19. Jh.)
Stilleben von Niclaes Peters
Landschaft von Louis Gurlitt
Raum 3
Italien
Für schleswig-holsteinische Maler das Land der Sehnsucht, Arbeiten von Ernst Meyer, Hans Detlev Christian Martens und Christian Carl Magnussen
Raum 4

Glaskunst am Eingang des Hans-Christiansen-Hauses

Die Entdeckung der nordfriesischen Heimat
Arbeiten von Carl Ludwig Jessen und Hans Peter Feddersen
Raum 5
Die Inseln Föhr und Fanö gemalt von August Wilkens, Otto Heinrich Engel und Ludwig Dettmann
Raum 6 und 7
Die Künstlerkolonie Ekensund
Otto H. Engel, Eugen Dücker und Alexander Eckener
Raum 8
Möbel aus der Werkstatt des Flensburger Möbelfabrikanten und Museumsgründers Heinrich Sauermann
Raum 9
Kunst auf Weltausstellungen
Entwürfe und Arbeiten von Heinrich Sauermann und Hans Christiansen
Das „Pariser Zimmwer" von Heinrich Sauermann (1900)
2. Stock
Raum 10
Die Webschule Scherrebek
Wandteppiche von Alfred Mohrbutter, Heinrich Vogeler, Otto Ubbelohde, Otto Eckmann und Heinrich Sperling
Raum 11
Ein Künstler des Jugendstils
Arbeiten von Hans Christiansen
Raum 12
Künstlerinnen in Schleswig-Holstein
Arbeiten von Käte Lassen, Elsa Haensgen-Dingkuhn, Martha Rothenbücher-Becker, Anne-Dora Arnold und Anna Magnussen-Petersen
Raum 13
Zurück zur Natur
Expressionismus in Schleswig-Holstein
Arbeiten von Emil Nolde, Erich Heckel, Heinz Weddig und Heinrich Jepsen
Raum 14
Expressionismus in Schleswig-Holstein
Arbeiten von Emil Nolde und

Hans Fluglsang
Raum 15
Expressionismus in Schleswig-Holstein und Hamburg
Arbeiten von Wenzel Hablik und Heinrich Stegemann
Raum 16
Kunst nach 1945 in Schleswig-Holstein
Arbeiten von Bernhard Schultze, Lilly Kröhnert und Harald Duwe
Raum 17
Gegenwartskunst in Schleswig-Holstein
Arbeiten von Elsbeth Arlt und Karin Trapper
Raum 18
Die Dinge der endlichen Ewigkeit
Arbeiten von Raffael Rheinsberg

Museumsberg Flensburg
Museumsberg 1
Tel.: 04 61-85 29 56
www.museumsberg.flensburg.de
E-Mail:
museumsberg@flensburg.de

Öffnungszeiten:
April - Oktober
Di. - So. 10.00 - 17.00 Uhr
November - März
Di. - So. 10.00 - 16.00 Uhr

10
HOLNIS

Schiffahrtsmuseum

Im 1842 erbauten Zollpackhaus konnten bis 1961 Gewürze, Kaffee und Tee unter Zollverschluss eingelagert werden. Außerdem lagerten einige Brennereien ihre hochprozentige Ware in den Kellergewölben und ließen den Rum unverzollt und unversteuert unter Zollverschluss reifen. Steuern und Zoll wurden erst fällig, wenn die fertige Ware das Lager verließ.

Heute ist in diesen geschichtsträchtigen Räumen das Schifffahrtsmuseum und seit 1993 Deutschlands einziges Rum-Museum untergebracht.

Der Rundgang beginnt im Kellergewölbe, wo bis vor wenigen Jahrzehnten die Rumfässer aus Westindien lagerten. Hier erfährt der Besucher neben der Geschichte der Rum-Stadt den Weg vom (für Europäer fast ungenießbaren) „Pur Rum“ bis zum Grog im Glas.

Den Weg vom Rum zum Ruhm der Stadt verdankte Flensburg seiner Zugehörigkeit zum dänischen Gesamtstaat. Ende des 17. Jh. hatten dänische Kaufleute die „Westindisch-Guinesische Kompanie“ gegründet. Hauptaktionär war der dänische König. Zwischen 1555 und 1733 nahm die Kompanie die Kleinen Jungferninseln St. Thomas, St. Jan und St. Croix in Besitz, um darauf Zuckerrohr anzubauen.

Die Neptunus segelte 1755 als erstes Flensburger Schiff nach Westindien, und schon bald kam neben Rohzucker auch Rum nach Flensburg, denn wo Zuckerrohr geerntet wurde, war die Rumherstellung nicht unbekannt.

Wo der Name „Rum“ herkommt, ist nicht zweifelsfrei nachzuweisen. Vermutet wird eine Ableitung von Rumbustion oder Rumbullion, hiermit wurde im 17. Jh. die „feurige abscheuliche Flüssigkeit“ bezeichnet, die von Einheimischen auf den Westindischen Inseln getrunken wurde. Dieser Rum hatte allerdings wenig mit dem Rum gemeinsam, den wir in Europa kennen. Es war ein kaum gelagerter Rum mit einem Alkoholgehalt von 70 bis 80 %. Um Aufruhr zu unterdrücken, wurde den Sklaven auf den Zuckerrohrfeldern gesüßter und mit Wasser verdünnter Rum zugeteilt. Das gleiche

Rezept übernahm 1740 die Royal Navy, als der britische Admiral Edvard Vernon die Tagesration Rum für die Mannschaft mit Wasser verdünnen ließ.

Das Schiffahrtsmuseum befindet sich in den überirdischen Lagerräumen des Zollpackhauses. Hier erzählen Galionsfiguren, alte Urkunden, nautische Instrumente, Kapitänsbilder und Schiffsmodelle von den Abenteuern aus der Zeit großer Segelschiffe, vom Walfang und von der maritimen Geschichte der Stadt. An Modellen wird der interessierte Besucher in den Schiffbau der Flensburger Werften sowie in die Funktionsweise von Schiffsantrieben eingeführt. Auch eine Reeperbahn gibt es hier. Gemeint ist nicht das Modell der Hamburger Vergnügungsmeile, sondern der Arbeitsplatz der Reepschläger.

Die Schiffsglocke der „Fraumetta Catherina von Flensburg" fanden britische Sporttaucher im Plymouth Sund. Das Schiff des Flensburger Reeders befand sich auf der Fahrt von St. Petersburg nach Genua, als es am 10. Dezember 1786 vor Plymouth sank.

Schiffahrtsmuseum Flensburg
Schiffbrücke 39
Tel.: 04 61-85 29 70

Öffnungszeiten:
April - Oktober
Di. - So. 10.00 - 17.00 Uhr
November - März
Di. - So. 10.00 - 16.00 Uhr

TS

Phänomenta

Im einem sanierten Kaufmannshof neben dem Nordertor gibt es ein Museum der besonderen Art. Ein Museum? Eine Ausstellung? Die Phänomenta ist beides und doch ist sie anders, denn die Warnung „Bitte nicht berühren“ sucht man hier vergebens. Der Besucher wird sogar aufgefordert, die Ausstellungsstücke zu berühren, in Bewegung zu versetzen und die aufgebauten Experimente selbst durchzuführen. Man könnte die Phänomena mit den Worten umschreiben „Experimentierstation, um Lernen und Wissen spielerisch durch eigene Erfahrungen zu vertiefen“. Im Stadtführer heißt es: „PHÄNOMENTA ist ein Erlebnis-Haus für neugierige Nasen, Hände, Augen – für jedermann zugänglich.“

An mehr als 120 Stationen können interessante und verblüffende Versuche aus Natur und Technik ausprobiert, erlebt und begriffen werden. Vom Wasserrad, das durch eigenes Treten in Bewegung gebracht werden muss, bis zum 27 Meter langen Tunnel zum Tasten, von Spiegelräumen bis zu Computern, an denen Klänge verändert werden können, bietet die Phänomenta ein breites Experimentierfeld. Im Saal des Lichtes kann man z. B. einen Seifenblasenvorhang hochziehen oder mit den Händen eine Plasmakugel berühren und sehen, wie sich die Fließrichtung des Stroms in der Kugel verändert.

Norderstraße 157
24939 Flensburg
Öffnungszeiten:
Juni - September
So. - Fr. 10.00 - 18.00 Uhr
Sa. 12.00 - 18.00 Uhr
Oktober - Mai
Mo. - Fr. 9.00 - 16.30 Uhr
Sa. 14.00 - 18.00 Uhr
So./Feiertag 10.00 - 17.00 Uhr

Altstadttour von der Roten Straße

zum Nordertor

Wir beginnen unsere Altstadttour am Rathaus-Parkplatz und biegen links in die Rote Straße ein. Dort, wo rechts die Gasse zum Kloster abzweigt, stand bis 1872 das Rote Tor als südlicher Durchgang in die befestigte Stadt. Aus dem 18. Jh. sind noch einige malerische Kleinbürgerhäuser erhalten. Ebenfalls aus dem 18. Jh. stammen der Krusehof, Handwerkerhof, Blumenhof und Roter Hof. Durch die Torbögen auf der linken Seite gelangt man zu diesen liebevoll restaurierten Höfen, in denen heute einige Kunsthandwerker ihre Läden haben. Am Ende der Roten Straße liegt rechts vor uns der Südermarkt. Am Südermarkt Nr. 11 (Ecke Rote Straße) ist die Giebelfront im Stil der Backsteinspätrenaissance beachtenswert, die dem Neubau vorgeblendet wurde.

Wir überqueren die Friesische Straße, die schon zur Zeit der Wikinger als wichtiger Handelsweg von Friesland nach Angeln

Bild links: Rote Straße

Bild oben: Rathaus

Bild rechts: Roter Hof

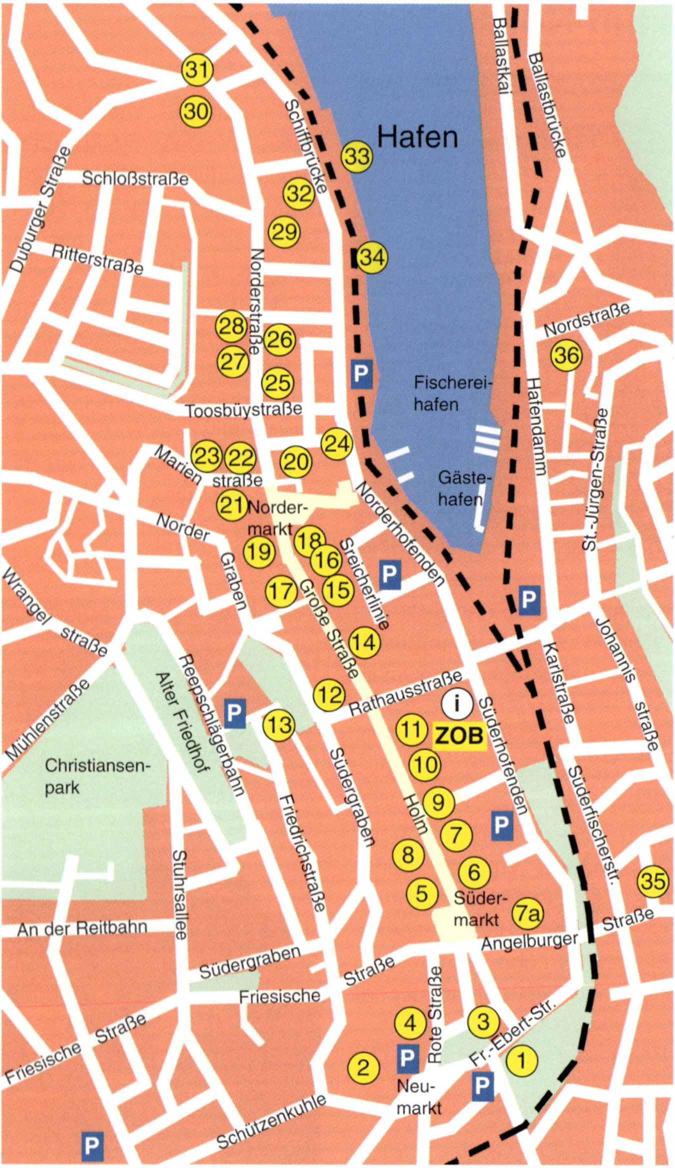
Hafen
Ballastkai
Ballastbrücke
Schiffbrücke
Schloßstraße
Duburger Straße
Ritterstraße
Norderstraße
Nordstraße
Fischerei-hafen
Gäste-hafen
Hafendamm
St.-Jürgen-Straße
Toosbüystraße
Marienstraße
Norder-markt
Norder Graben
Norderhofenden
Streicherlinie
Große Straße
Wrangelstraße
Mühlenstraße
Reepschlägerbahn
Alter Friedhof
Rathausstraße
ZOB
Süderhofenden
Karlstraße
Johannisstraße
Christiansen-park
Südergraben
Friedrichstraße
Holm
Süderfischerstr.
Süder-markt
Angelburger Straße
Stuhrsallee
An der Reitbahn
Südergraben
Friesische Straße
Rote Straße
Fr.-Ebert-Str.
Friesische Straße
Neu-markt
Schützenkuhle
P
i
1
2
3
4
5
6
7
7a
8
9
10
11
12
13
14
15
16
17
18
19
20
21
22
23
24
25
26
27
28
29
30
31
32
33
34
35
36

Stadtplan Innenstadt mit den wichtigsten Sehenswürdigkeiten

1 – Deutsches Haus
2 – Rathaus
3 – Kloster
4 – Rote Straße mit Handwerkerhöfen
5 – St.-Nikolai-Kirche
6 – Dethleffsen-Hof
7 – Holm-Passage
7a – Flensburg Galerie (ab Herbst 2006)
8 – Galeriehof
9 – Holmnixe
10 – Handelshof
11 – Norwegerhof
12 – Stadttheater
13 – Museumsberg
14 – Union-Hof
15 – Westindien-Speicher
16 – Brasserie-Hof
17 – Heilig-Geist-Kirche
18 – Stöhr-Hof
19 – Neptun-Hof
20 – St.-Marien-Kirche
21 – Orpheus-Theater
22 – „Johannsen" kleines Rumhaus
23 – Burghof
24 – Kompanietor
25 – Künstler-Hof
26 – Lagerhaus-Hof
27 – Handwerker-Hof
28 – Dän. Central-Bibliothek
29 – Oluf-Samsons-Gang
30 – Phänomenta
31 – Nordertor
32 – Schiffahrtsmuseum
33 – Museumshafen und Museumswerft
34 – Salondampfer „Alexandra"
35 – St. Johannis-Kirche
36 – St. Jürgen-Kirche

Südermarkt 42

genutzt wurde. Der Südermarkt, auf dem noch immer der Wochenmarkt stattfindet, entwickelte sich in jener Zeit zum Handelsplatz und bäuerlichen Markt. Durch die Vergrößerung und Umgestaltung des Platzes ist von der alten Bausubstanz viel verloren gegangen.

Die ursprüngliche Bebauung des Platzes im späten Mittelalter zeigt das Eckhaus Nr. 12. Es ist der älteste Profanbau Flensburgs und wurde um 1490 errichtet. Die kleine Treppe, die zum Eingang führt, stammt ebenfalls von 1490 und steht unter Denkmalschutz. Von 1743 stammt das Pastorat (Nr. 15) in schleswig-holsteinischem Backsteinrokoko.

Die St.-Nikolai-Kirche entstand im 14. Jh. nach westfälischem Vorbild als sakrale Backsteinhalle mit gotischem Eingangsbereich. (Siehe Seite 22) Um 1450 wurde die Kirche um drei Joche erweitert und bekam 1582 ihren Turm. Bemerkenswert ist die große Orgel (um 1600).

Wir folgen nun der Fußgängerstraße Holm, die mit den Straßenzügen Große Straße und Norderstraße die alte Haupt- und Durchgangsstraße war.

Holm-Nixe von Ulrich Beier

Der umgestaltete Holm-Hof (Holm 43) stammt aus dem 17. Jh. Am Durchgang zum Hof stand im Mittelalter das Haus der Knudsgilde, jener bedeutenden Kaufmannsgilde im Herzogtum Schleswig, die bei der Stadtgründung Flensburgs entscheidenden Einfluss hatte.
In der Holmpassage wurde ein alter Kaufmannshof durch die Verbindung alter und neuer Bausubstanz zur Einkaufspassage umgestaltet. Der ehemalige Bommerlunder-Lagerkeller blieb bei den Umbauarbeiten erhalten.
Schräg gegenüber der Holmpassage gelangt man zum Galeriehof (Holm 66), ein ehemaliger Handwerkerhof, in dem sich das Galeriecafé und ein Gold- und Silberschmiede-Atelier befindet.

Dieses Paar bewacht den Eingang der Alten Post

Weinkeller im Hof Borgerforeningen

Die Straßenzüge „Holm" und „Große Straße" bilden Flensburgs „Einkaufsmeile"

An der Einmündung der Nikolaistraße, die 1905 mit interessanten Jugendstilbauten angelegt wurde, bewacht die Holm-Nixe von Ulrich Beier den Zugang zum Holm.

Um 1820 ließ der Westindienkaufmann Petersen-Schmidt das klassizistische Traufenhaus (Holm 19/21) errichten.

In der Zeit des Norwegenhandels entstand zwischen 1750–60 der Hof Borgerforeningen (Holm 17), in dem König Friedrich VII. im 19. Jh. öfter Ehrengast war.

Die Ratsapotheke (Holm 13) wurde um 1750 erbaut. Das Einhorn über dem Eingang stammt vermutlich ebenfalls aus dieser Zeit.

Holm 10, diesen repräsentativen Bau ließ der letzte Firmeninhaber der Westindienhandelsfirma Andreas Christiansen um 1800 errichten.

Anschließend überqueren wir die Rathausstraße. Rechts führt ein Fußweg zum Museumsberg hinauf. Links gelangt man zur Alten Post und zum ZOB.

Große Straße 16: Löwe und Portal erinnern daran, dass sich hier einst die Löwenapotheke befand

Wir gehen geradeaus auf der Fußgängerstraße, die ab hier „Große Straße“ heißt, weiter.

Im Unionshof (Große Straße 4) wurden zwei Kaufmannshöfe aus der Blütezeit des Westindienhandels zusammengelegt. Die Frontgebäude im klassizistischen Stil entstanden um 1800.

In der Großen Straße 16 befand sich einst die Löwenapotheke. Heute residiert hier ein Geldinstitut. Der Löwe aus Sandstein und das Portal der Apotheke stammen von 1779.

Große Straße 12, durch einen restaurierten Kaufmannshof, in dessen altem Speicher ein Restaurant eingerichtet ist, gelangt man zur Tourist-Information.

Von der Großen Straße 24 führt ein Durchgang zum Westindienspeicher.

Bild oben: Den Brasserie-Hof erreicht man von der Großen Straße Nr. 40

Bild rechts: Nordermarkt mit Schrangen und Marienkirche

Bild unten: Skulptur im Neptun-Hof

Neptunbrunnen auf dem Nordermarkt

Auf der linken Seite liegt die Heilig-Geist-Kirche, die 1386 als Hospitalkirche errichtet wurde und seit der Reformation den Seeleuten und dänisch sprechenden Bürgern Flensburgs als Gotteshaus dient. (Siehe auch Seite 25)

Vor der Kirche zweigt der Heiligengeistgang ab, auf dem man zum Nordergraben und weiter zum Museumsberg gelangt.

Große Straße 42, der Brasserie-Hof entstand schon im 16. Jh. Im 18. Jh. erfolgte eine Umgestaltung des Hofes. Der große Querspeicher wurde 1840 ebenfalls für den Westindienhandel errichtet.

Auf der gegenüberliegenden Seite (Große Straße 65) liegt die Alte Börse von 1788. Der Giebel ist mit offenen Segmentbögen gestaltet.

Große Straße 48, der „Große Kurfürst" wohnte während des „Polackenkrieges" 1658 in diesem Hof.

Der Neptun-Hof (Große Straße 79) liegt, wie die drei ursprünglich erhaltenen Höfe (Nr. 73 – 77), als ehemaliger Handwerkerhof auf der „Pfennigseite" der Straße. Denn hier wohnten traditionell die Handwerker. Gegenüber auf der „Groschenseite" hatten die reichen Kaufleute und Reeder ihre Höfe.

Auf dem Nordermarkt, einst Zentrum der um 1200 gegründeten Siedlung, steht der Neptunbrunnen. Er ist als einziger von 30 öffentlichen Brunnen erhalten geblieben.

Für die Verkaufsstände der Schlachter und Bäcker entstand

In der Marienstraße befindet sich Flensburgs kleinstes Rumhaus

Bild oben: Künstler-Hof

Bild links: Toosbüystraße

Bild unten: Lagerhaus-Hof

Norderstraße 49, Handwerker-Hof

1595 der „Schrangen"-Bau. Der südliche Pfeiler der Arkadenbögen diente als Schandpfahl. Die Eisenbefestigung für den Halsring ist noch im Mauerwerk erhalten geblieben.

Die dreischiffige Halle der St.-Marien-Kirche geht auf das 13. Jh. zurück, wurde aber im 15. Jh. umgebaut und erweitert. Der Turm erhielt seine heutige Form um 1880. (Siehe auch Seite 17)

Gegenüber der St.-Marien-Kirche biegen wir in die Marienstraße ein.

Im „Portikus" an der Ecke zur Norderstraße befindet sich das Orpheus-Theater. Das Fachwerkhaus stammt, wie die überwiegende Bebauung der Marienstraße, aus dem 18. Jh. Auffällig sind Eingangstüren im oberen Stockwerk der Häuser. Aus Platzmangel hatte man früher Außentreppen gebaut, um ins Obergeschoss zu gelangen.

„Johannsen-Rum" in der Marienstraße 8, in dem dunkelroten Fachwerkhaus mit der Weintraube über dem Eingang befindet sich das letzte Rumhaus, welches das hochprozentige Getränk noch in Flensburg herstellt.

Im Haus Nr. 18 wohnte einst der Henker der Stadt.

Anschließend kommen wir am „Hjemmet-lille-Teater", dem dänischen Theater, vorüber. Nach wenigen Schritten biegen wir rechts in den Burghof ein. Die Gebäude in klassisch schlichtem, rotem Backstein sind ein gutes Beispiel des Heimatschutz-Stils, einer lokalen Bauhaus-Richtung.

Wir gehen nun wieder zur Großen Straße zurück, die im weiteren Verlauf Norderstraße heißt, und biegen in diese links ein. Auf der rechten Straßenseite zweigt hinter der Kirche die Kompagniestraße ab, an deren Ende das Kompagnietor liegt.

Das Eckener-Haus in der Norderstraße 8 ist das einzige noch erhaltene Bürgerhaus Flensburgs. Die barocke Fassade entstand um 1740 und das Luftschiff über dem Eingang erinnert an Dr. Hugo Eckener, den ersten Flensburger Luftschiffpiloten.

Wir überqueren anschließend die Toosbüystraße, die um 1900 als Verbindungsstraße zwischen dem neu entstandenen Wohnviertel auf dem Burgberg und der Altstadt angelegt wurde.

Im Künstlerhof, Norderstraße 20, haben Kunstmaler ihre Ateliers.

Die Grundmauern der Gebäude gehen auf das 16. Jh. zurück. Die Gebäude selber entstanden Ende des 18. Jh.

Norderstraße 49, ein typischer Handwerker- bzw. Schifferhof aus dem 17. Jh. Das Giebelhaus diente als Wohnung. In den Hofgebäuden waren Werkstatt, Speicher und Stall untergebracht.

Orpheus-Theater in der Marienstraße 1

Flensborghus

Der Oluf-Samson-Gang hat schon viele Maler inspiriert und ist sicher der am häufigsten gemalte Gang Flensburgs. Er entstand 1617, als der Kaufmann Oluf Samson seinen Hof in eine Straße mit Mietwohnungen umbaute. (Foto siehe Seite 10) Früher wohnten in den historischen Gebäuden überwiegend Seeleute und Handwerker. Später wurde der Gang Flensburgs Liebesgasse. Heute spricht man im Amtsdeutsch von „gemischter Nutzung“.

Auf der gegenüberliegenden Seite der Norderstraße (Nr. 59) steht der Neubau der dänischen Centralbibliothek. Daneben führt die Marientreppe zum Schloßberg mit seiner Aussichtsplattform hinauf.

Das Flensborghus, Norderstraße 76, gehört seit 1920 der dänischen Minderheit. Es entstand zwischen 1724 und 1725 als „Waisenhaus“. Im Giebel befindet sich neben dem Stadtwappen das Wappen König Friedrichs IV., der diesen Bau finanziell unterstützte. Beachtenswert sind die dänischen Inschriften der Balken im Durchgang.

Norderstraße 86, hier lag die erste Fabrikationsstätte des berühmten „Bommerlunder“. Der Kaufmannshof von Flensburgs bedeutendster Norwegenhandelsfamilie Hansen wurde saniert und dient heute Wohnzwecken.

Norderstraße 120, nochmals ein typischer Kaufmannshof, durch dessen Toreinfahrt die Schiffe im Hafen zu sehen sind.

In den Gebäuden Norderstraße 157–161 ist die „Erlebnis-Ausstellung“ Phänomenta eingerichtet. (Siehe auch Seite 42)

Auf der rechten Seite liegt etwas zurückgesetzt das ehemalige Volksbad, heute eine Kultureinrichtung mit anspruchsvollem Programm.

Das Nordertor ist als einziges Stadttor in Flensburg erhalten geblieben. Das Tor aus rotem Backstein mit Stufengiebel wurde 1596 als „Kontrolltor" errichtet. Mit Einbruch der Dunkelheit wurde das Tor geschlossen. Anders als ein älteres Vorgängertor diente es nie zur Verteidigung der Stadt. Bis 1777 durfte außerhalb des Stadttores nicht gebaut werden. 1767 wurden die Wappen am Nordgiebel angebracht. Neben dem Flensburger Stadtwappen mit der Inschrift „Friede ernährt, Unfriede verzehrt" befindet sich das Wappen des dänischen Königs Christian VII.

Nordertor

TS
G 589
FRI 28

Der Flensburger Kapitänsweg

Eine Stadtbesichtigung der besonderen Art bietet der Flensburger Kapitänsweg.
Dieser maritime Kulturpfad ist ein Projekt des Kulturfördervereins im Flensburg Regional Marketing e.V. Der Rundgang führt den Besucher in die Zeit der großen Segelschiffe des 19. Jh. zurück.

1 – Schiffahrtsmuseum
2 – Museumshafen
3 – Kompagnietor
4 – Alter Schiffbrückplatz
5 – Hafenspitze
6 – Fischereihafen
7 – Ballastbrücke
8 – Pilkentafel
9 – St.-Jürgen-Straße
10 – Westindienspeicher
11 – Heilig-Geist-Kirche
12 – Reepschlägerbahn
13 – St.-Marien-Kirche
14 – Norderstraße 40–44

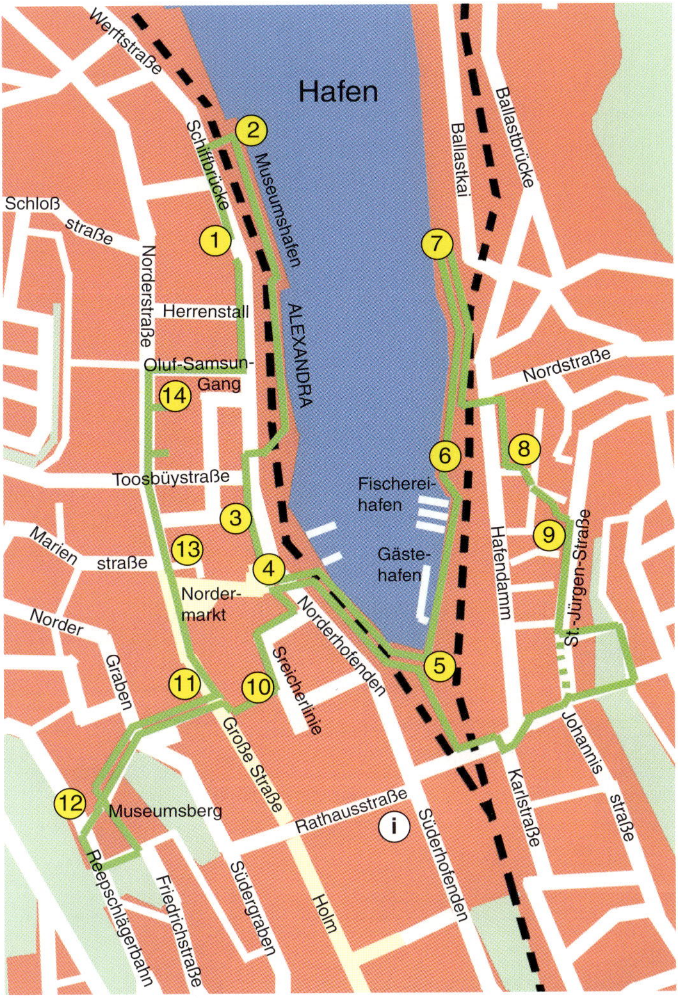

Zum Flensburger Kapitänsweg ist im Schiffahrtsmuseum und in der Tourist-Information ein Begleitheft erhältlich. Neben der Wegbeschreibung enthält es die Geschichte von Kapitän Petersen, der mit seinem Segelschiff in den Flensburger Hafen einläuft und in der Stadt viel zu erledigen hat. Der Besu-

Blick über den Museumshafen mit dem Nachbau
des historischen Krans

Die Museumswerft hat ihren Platz neben dem Museumshafen

cher begleitet Kapitän Petersen bei seinen Besorgungen zu den historischen Stätten und erfährt ganz nebenbei viel Wissenswertes über das maritime Leben im 19. Jh.

Der Rundgang beginnt beim Schiffahrtsmuseum, Schiffbrücke 39. Im Boden eingelassene Wegplatten mit einem Steuerrad dienen als Wegweiser und führen über 14 Wegpunkte zum Ausgangspunkt zurück. An den Wegpunkten erläutern Informationstafeln die Besonderheiten des jeweiligen Ortes.

Wir beginnen unseren Rundgang vor dem Schiffahrtsmuseum. Auf der Informationstafel (Wegpunkt 1) neben dem Eingang des Museums erfahren wir viel über die Geschichte des alten Zollpackhauses. Das Museumsgebäude im Rücken, biegen wir links ab. Wenig später kommen wir an einem typischen Flensburger Kaufmannshof vorbei. Hier lohnt sich ein kleiner Abstecher in den Kaufmannshof, anschließend folgen wir weiter der Straße Schiffbrücke. An der Ampel vor der Norderfischerstraße biegen wir rechts ab, überqueren die Straße Schiffbrücke und gehen geradeaus weiter bis zur Nachbildung des

Bild oben: Das Kompagnietor an der Hafenfront
Bild unten: Hochwassermarken am Kompagnietor

historischen „Krans von 1726“. Der Wegpunkt 2 informiert über die Einrichtungen des Hafens in den letzten Jahrhunderten. Hier erfahren wir auch, wie der Wandel von den Großseglern zu den Dampfschiffen Anfang des 20. Jh. verlief und dass bei der 1872 gegründeten Flensburger Schiffbau-Gesellschaft bis 1910 300 Schiffe vom Stapel liefen, darunter waren nur noch 12 Rahsegler.

Weiter geht es rechts auf dem hölzernen Bohlenweg an den Segelschiffen im Museumshafen entlang. Am Ende des Bohlenweges gehen wir an der Uferpromenade weiter und kommen an dem Salondampfer „ALEXANDRA“, dem letzten noch seegehenden deutschen Passagierdampfer (1908), vorüber. Vor dem Gedenkstein für die Flensburger Seeleute folgen wir den Wegweisern, biegen rechts ab und überqueren die Straße Schiffbrücke. Auf der anderen Straßenseite halten wir uns links, überqueren die Neue Straße und gelangen nach 40 m zum Kompagnietor.

Wegpunkt 3 ist das Kompagnietor. Das 1602–04 erbaute Torhaus dient als Versammlungshaus des Schiffergelags, einer heute noch aktiven Gilde von Flensburger Kapitänen und Schiffern. Außerdem waren im Kompagnietor die Handelsbörse sowie die Stadtwaage untergebracht. Die Hochwassermarken an der Hauswand des Gebäudes zeigen eindrucksvoll, wie hoch das Wasser bei Oststurm steigen kann.

Am Kompagnietor gehen wir geradeaus weiter und gelangen zum Schiffbrückplatz (Wegpunkt 4). Die Informationstafel befindet sich vor dem roten Backsteinbau mit der Skulptur der „Windsbraut" davor.

Ab 1896 stand an der Schiffbrücke (Wegpunkt 4) der Dampfschiffpavillon. Von hier legten die Fahrgastschiffe der „Vereinigten Flensburg-Ekensunder und Sonderburger Dampfschiffs Gesellschaft" ab. Die Schiffe fuhren im Liniendienst auf der Förde, und zu Spitzenzeiten gab es bis zu 50 Abfahrten in Flensburg. Mit dem 1908 in Hamburg gebauten Salondampfer „ALEXANDRA" kann man noch heute Ausflugsfahrten auf der Förde unternehmen.

Der alte Schiffbrückplatz mit der Skulptur der Windsbraut heißt heute Willy-Brandt-Platz

Der Gästehafen zwischen Hafenspitze und Fischereihafen

Wir halten uns links und überqueren die Straße Schiffbrücke. An der Uferpromenade gehen wir rechts weiter und gelangen zur Hafenspitze.

Wegpunkt 5, hier befand sich einst die Englische Brücke mit einem Bahnanschluss bis an den Brückenkopf. Eine englische Eisenbahngesellschaft baute 1853–54 eine Eisenbahnverbindung vom Nordseehafen Tönning nach Flensburg, um den gefahrvollen und mit Durchfahrtzöllen belasteten Weg um Skagen herum zu umgehen.

Wir gehen weiter am Wasser entlang und kommen am Jachthafen vorüber, von dem sich ein schöner Ausblick auf die Westseite der Stadt bietet. Hier war der alte Trockenplatz für die Fischernetze. Wenig später kommen wir am Steg des Flensburger Fischerei-Vereins von 1872 vorüber (Wegpunkt 6).

Die Ostseite des Innenhafens gehörte einst den Fischern. Der Stadtteil Jürgensby war traditionell der Wohnort der Schiffer und Fischer. Auch der Fischhandel und die Fischverarbeitung (Räuchereien) hatten sich hier angesiedelt. Heute fahren nur noch wenige Fischer mit ihren Booten zum Fang hinaus.

Wir gehen weiter am Ostufer entlang, halten uns vor dem

Weinkontor links und gehen weiter am Kai entlang. Gleich hinter „Jessens Fischrestaurant“ erreichen wir die Ballastbrücke (Wegpunkt 7).

An dieser Stelle nahmen die Frachtsegler früher Ballastsand auf, wenn sie ohne Ladung lossegeln mussten. Eine Vorschrift besagte, dass die Schiffe nur an der Ballastbrücke ihren Ballast an Bord nehmen oder löschen durften.

Wir gehen nun ein kleines Stück auf dem gleichen Weg zurück, bis wir am Jachthafen auf die Wegweiser der Abzweigung treffen. Dort biegen wir links ab,

Bild rechts: Eingang zur Pilkentafel, in der heute eine Theaterschule beheimatet ist.

Bild unten: St.-Jürgen-Straße

überqueren die Straße Hafendamm und halten uns anschließend rechts. Schon bald erreichen wir den „Wegpunkt 8" und biegen links in die Gasse Pilkentafel ein.

In dem Haus Nr. 2 war einst die Wirtschaft, in der die Seeleute sich beim Pilken (Billard) vergnügten. Heute arbeitet hier eine Theaterwerkstatt. Bis 1870 lag das Wirtshaus Pilkentafel dicht am Wasser und war bei Schiffern, Fischern und Ausflüglern beliebt. Neben einer eigenen Brauerei und einem

Bild links:
Kleine St.-Jürgen-Treppe

Bild unten:
Blick von St. Jürgen über die Stadt

Die Alte Post neben dem ZOB

Branntweinkessel sorgte frisches Brot aus eigenen Backöfen für das leibliche Wohl.

Am Haus Nr. 4 halten wir uns rechts und biegen in der Linkskurve der Pilkentafel rechts in den schmalen Schiffergang ein. Zwischen kleinen Häusern und Gärten windet sich der Gang bis zur St.-Jürgen-Straße hinauf. Auch wenn es manchmal so aussieht, als würde der Gang enden, gehen wir weiter bis zur St.-Jürgen-Straße Dort halten wir uns rechts und gelangen zum „Wegpunkt 9".

An dieser Straße stehen noch die alten Kapitänshäuser, zum Teil mit schönen Eingangstüren. Die schmalen Gänge auf der rechten Straßenseite führen zum Hafendamm hinunter. Bevor die untere Seite der St.-Jürgen-Straße bebaut wurde, konnten die hier wohnenden Kapitäne und Steuerleute das Geschehen im Hafen von ihrem Wohnzimmer aus beobachten. Wir gehen weiter geradeaus, biegen einige Meter hinter dem Steuermannsgang links ein und steigen die Kleine St.-Jürgen-Treppe hinauf. Zwischen hohen Hecken erreichen wir den Erlenweg. Der Aufstieg wird mit einem herrlichen Blick über die Stadt belohnt. Wir gehen rechts weiter und gelangen zur Großen St.-Jürgen-Treppe.

Bild oben:
Westindienspeicher

Bild rechts:
Heilig-Geist-Kirche

Bevor wir die Treppe hinuntergehen, sollten wir noch einmal das Stadtpanorama genießen. Die Treppe führt uns durch einen öffentlichen Garten, der zu einer Erholungspause einlädt, hinunter bis zur St.-Jürgen-Straße / Ecke Kurze Straße. Wir gehen durch die Kurze Straße bis zum Hafendamm. Hier halten wir uns leicht links, überqueren die Wilhelmstraße und gleich darauf an der Ampel die Straße Hafendamm. Anschließend gehen wir links weiter bis zu den beiden Eisenbahnbrücken. Zwischen den Brücken biegen wir rechts ein und gelangen wieder zur Hafenspitze. Wir halten uns etwas links und gehen bis zum Alten Schiffbrückplatz zurück. Hier folgen wir den Wegweisern, biegen links ab und überqueren die Straße Schiffbrücke, halten uns anschließend links und biegen nach wenigen Metern rechts in die Straße Speicherlinie ein. Hinter dem Haus mit der Nr. 32 biegen wir rechts ein und gelangen durch einen Torbogen zum

Die Schrangen am Nordermarkt

Westindienspeicher des Reeders Christiansen (Wegpunkt 10).

1789 ließ der Reeder und Kaufmann Andreas Christiansen, der erfolgreich im Westindienhandel tätig war, den fünfstöckigen Speicher zur Lagerung von Kolonialwaren errichten.

Wir gehen links am Speicher vorbei und erreichen die Fußgängerzone Große Straße. Hier biegen wir rechts ab und gelangen nach wenigen Schritten zur Heilig-Geist-Kirche (Wegpunkt 11).

Seit 1588 werden in der 1386 erbauten Heilig-Geist-Kirche die Gottesdienste in Dänisch gehalten. Restaurierte Wandmalereien und zwei Votivschiffe gehören zur Innenausstattung der Kirche. Votiv-Schiffe finden sich in vielen Kirchen von Hafenstädten. Oft wurden sie von Seeleuten gestiftet, die aus Seenot gerettet worden waren.

Wir biegen vor der Kirche links in den schmalen Heiligengeistgang ein, der den Hang hinaufführt, überqueren die Straße Nordergraben und steigen geradeaus auf dem Christiansengang weiter bergan zur Westlichen Höhe mit dem Museumsberg. Oben angekommen, erreichen wir die Straße Reepschlägerbahn (Wegpunkt 12).

Liebevoll gepflegte Frachtsegler im Museumshafen

Hier stand bis zum Anfang des 20. Jh. eine überdachte Reepschlägerbahn. Auf dieser stellten die Reepschläger das für die Schifffahrt benötigte Tauwerk her. Von hieraus lohnt sich ein Abstecher zum alten Friedhof, der auf der gegenüberliegenden Straßenseite liegt. Wir biegen links ab und nach wenigen Metern, an dem Wegweiser Museumsberg, nochmals links. Vorbei an der Skulptur „Gerettet" von Adolf Brütt führt uns der Weg zwischen den beiden Museumsgebäuden Heinrich-Sauermann-Haus und Hans-Christiansen-Haus hindurch. Nach einem Panoramablick hinüber zum Ostufer halten wir uns links, gehen am Hans-Christiansen-Haus vorbei und gelangen wieder zum Christiansengang. Hier halten wir

uns rechts und gehen bis zur Heilig-Geist-Kirche zurück. Auf der Fußgängerzone gehen wir links weiter, vorbei an den Schrangen mit dem Arkadengang bis zur Marienkirche. Den Wegpunkt 13 finden wir auf der rechten Seite, gegenüber vom Kirchenportal. Anschließend gehen wir weiter auf der Fußgängerzone, der Großen Straße, die an der Einmündung der Marienstraße zur Norderstraße wird. Schließlich überqueren wir die Toosbüystraße und gelangen zum Künstlerhof (Norderstraße 20a). Ein Abstecher in den Hof lohnt sich, denn im Hof steht eines der ältesten Gebäude der Stadt aus der Barock-Zeit. Zurück auf der Norderstraße, gehen wir rechts weiter bis zum Hof 40–44 und biegen rechts in den Hof ein. Hier haben wir unseren letzten Wegpunkt (14) erreicht.

Wir gehen wieder zurück zur Norderstraße, halten uns rechts und gelangen zum Oluf-Samson-Gang (Foto siehe Seite 10). Dieser Gang wurde von vielen Künstlern gemalt und ist sicher die von Touristen meistfotografierte Straße der Stadt. Einst Rotlicht-Gasse für See- (und Seh-)leute, spricht man heute in Flensburg von einer „gemischten Nutzung“ des Oluf-Samson-Ganges. Wir können über diesen Gang oder über den folgenden Herrengang zurück zur Schiffbrücke gehen. Dort biegen wir links ab und gelangen wieder zu unserem Ausgangspunkt am Schifffahrtsmuseum.

Abends in Flensburg

Neben einer reichen Auswahl an Restaurants für alle Ansprüche bietet Flensburg von der Musikkneipe bis zu diversen Theatern vielfältige Möglichkeiten, den Abend zu gestalten.

Theater und Konzerte

- Campushalle
  Campusallee 2
  Tel.: 04 61-1 28 00
- Stadttheater
  Theaterkasse
  Rathausstraße 22
  Tel.: 04 61-2 33 88
- Niederdeutsche Bühne
  Augustastraße 3–5
  Tel.: 04 61-1 37 90
- Orpheus-Theater
  Marienstraße 1
  Tel.: 04 61-2 31 68
- Volksbad
  Schiffbrücke 67
  Tel.: 04 61-2 04 78
- Kulturwerkstatt Kühlhaus
  Mühlendamm 25
  Tel./Fax: 04 61-2 98 66
- Hjemmet-lille Teater
  Marienstraße 20
  Tel.: 04 61-1 44 08-1 11
- Deutsches Haus,
  Friedrich-Ebert-Str. 7,
  Tel.: 04 61-1 28 00
- Konzerte im Schloss
  Glücksburg
  Tel. 046 31-22 43
- Roxi Concerts
  Mergenthaler Str. 6
  Tel.: 04 61-1 68 79 99
- Theaterwerkstatt Pilkentafel
  Pilkentafel 2
  Tel.: 04 61-1 38 50

Kinos

- Kinoplex
  Süderhofenden 14
  Tel.: 04 61-7 07 03
- 51 Stufen im Deutschen
  Haus, Tel: 04 61-1 41 18 84

Diskotheken

- Diskothek Grogkeller,
  Am Südermarkt
  Tel.: 04 61-1 82 48 13
- Rockpalast Speicher
  Schiffbrücke 32 c
  Tel.: 04 61-1 82 61 12
- MAX
  Schiffbrücke 50
  www.max-flensburg.de
- Fun & Lollipop
  Im Cittipark
  Tel.: 04 61-5 00 81 71

Weinstuben

– Weinstube im Krusehof
Rote Straße 22
Tel.: 04 61-1 28 76
– Weinhaus Braasch
Rote Straße 26-28
Tel.: 04 61-14 16 00
(zu den Ladenöffnungszeiten)

Kneipen und Cafés
(manchmal auch mit Musik)

– Café Hyggelig
Zur Johannismühle 3
Tel.: 04 61-3 46 96
– LEE Kaffee und Mee(h)r
Fördepromenade 8
Flensburg-Sonwik
Tel.: 04 61-3 18 70 30
– Café K.
Südermarkt 15
Tel.: 04 61-84 00 40 13
– Kritz
Am Nordermarkt 3
Tel.: 04 61-2 17 00
– Café Extrablatt
Große Straße 61
Tel.: 04 61-1 82 98 74
– Café Central
Große Straße 83
Tel.: 04 61-15 09 100
– Porticus 1740
Marienstraße 1
Tel.: 04 61-2 12 85
– Shamrock Irish Pub
Schiffbrücke 11
Tel.: 04 61-1 33 63

Flensburg in 1, 2 oder 3 Tagen

Flensburg bietet seinen Besuchern mit den restaurierten Kaufmannshöfen und den Museen ein reiches Angebot. Um alle Sehenswürdigkeiten und Museen in Ruhe zu besichtigen, sollte man genügend Zeit mitbringen. Allein für einen ausgiebigen Rundgang durch die Sammlungen auf dem Museumsberg sollte man einen halben bis einen Tag einplanen. Nachfolgend finden Sie einige Vorschläge, um die Stadt in ein, zwei oder drei Tagen zu erkunden.

Flensburg in 1 Tag

- Sammlungen auf dem Museumsberg
- Stadtbesichtigung von der Roten Straße zum Nordertor mit Abstechern zu den Kaufmannshöfen
- Schiffahrtsmuseum

Oder alternativ mit Kindern:

- Schiffahrtsmuseum
- Flensburg auf dem Kapitänsweg entdecken
- Phänomenta

Flensburg in 2 Tagen

1. Tag

- Sammlungen auf dem Museumsberg
- Stadtbesichtigung von der Roten Straße zum Nordertor mit Abstechern zu den Kaufmannshöfen

2. Tag

- Schiffahrtsmuseum oder Phänomenta
- Mit der MS Hansaline nach Glücksburg
- Schlossbesichtigung in Glücksburg

Flensburg in 3 Tagen

1. Tag

- Sammlungen auf dem Museumsberg

- Stadtbesichtigung von der Roten Straße zum Nordertor mit Abstechern zu den Kaufmannshöfen

2. Tag

- Phänomenta
- Mit der MS Hansaline nach Glücksburg
- Schlossbesichtigung in Glücksburg

3. Tag

- Schiffahrtsmuseum
- Flensburg auf dem Kapitänsweg entdecken

Fördeschiffahrt

Hafenrundfahrten und Fördefahrten

Dampfschiff **„Alexandra"**
Der letzte seegehende Salondampfer in Deutschland ist ein eingetragenes technisches Denkmal und eine Fahrt auf der Förde sicher ein besonderes Erlebnis.
Ab Pfingsten legt die Alexandra gegenüber des Schiffahrtsmuseums ab.
Büro: Schiffbrücke 22
Tel.: 04 61-2 12 32
www.dampfer-alexandra.de

Smakke-Jolle „Eurydike"
Hafenrundfahrten
zwischen 8.00 und 18.00 Uhr
(ab 6 Personen)
Tel.: 04 61-18 22 47
Museumswerft Flensburg

Hafen und Fördefahrten mit **„MS Möwe"**
Reederei Ketelsen
Tel.: 04 61-6 29 45
Mobil: 01 71-8 26 95 40
www.ms-moewe.net

Fährverbindungen auf der Flensburger Förde

Flensburg-Kollund-Flensburg
„MS Feodora"
ab April 5x in der Woche
um 10.30-12.30-14.30 Uhr
ab Flensburg
Reederei NAS,
Schiffbrücke 24
Tel.: 04 61-4 93 58-63
www.nas-schiffsausfluege.de

Flensburg-Glücksburg-Flensburg

„MS Nordertor"
von Februar bis Mitte März
Samstag und Sonntag,
ab Mitte März
ab Flensburg
9.30-11.30-13.30-15.30 Uhr
ab Glücksburg
10.30-12.30-14.30-16.30 Uhr
Nordische Seetouristik GmbH
Norderhofenden 18
Tel.: 04 61-61 71-0
Tel.: 04 61-61 71-0
www.nordlicht-reisen.de

Flensburger Sparkasse
ALEXANDRA

Ausflugsziele in der Umgebung

Glücksburg
Mit einem Kloster fing alles an. Zahlreiche Grabstätten aus der Stein- und Bronzezeit weisen auf eine 5000-jährige Siedlungstätigkeit hin. Doch handelte es sich in der frühen Siedlungsgeschichte um kleine Fischer- und Bauernsiedlungen. Der erste „Grundstein" für Glücksburg wurde im Jahr 1210 gelegt. In diesem Jahr begannen die Mönche des Zisterzienser Ordens mit dem

Bau des Rudeklosters in der Nähe des Dorfes Schauby. Doch schon um 1284 wurde das Kloster für einige Jahre aufgelöst und der Elan der Gründerjahre kehrte wohl nie wieder zurück. Um 1500 waren Teile des Klosters in einem baufälligen Zustand. Als Herzog Johann der Jüngere 1582 das Kloster erbte, ließ er es bald darauf abbrechen und legte den zweiten „Grundstein" für Glücksburg. Er ließ gegen Ende des 16. Jahrhunderts das prächtige Wasserschloss bauen. Später ging der Name des Schlosses Glücksburg auf den Ort über.

Am 1. 4. 1900 wurden dem Flecken Glücksburg die Stadtrechte verliehen. Der dritte „Grundstein" wurde jedoch schon einige Jahre früher gelegt, mit der Gründung der Ostseebad AG im Jahre 1872. Es entstand das erste „Curhaus", ein kleiner Bau mit sechs Zimmern. Nur die schwächeren Gäste wohnten hier, die übrigen wohnten in einem Gasthof. Nur drei Jahre später wurde das kleine Curhaus vom stattlichen Strandhotel mit 70 Zimmern abgelöst. In den folgenden Jahren entstand ein neues Kurhaus und weitere Hotels, denn die Zahl der Gäste stieg. Waren es in der ersten Saison ca. 400, so zählte man um die Jahrhundertwende bis zu 2000 Gäste.

Seit 1949 ist Glücksburg anerkanntes Seeheilbad. Heute stehen dem Besucher unter anderem ein Kurmittelhaus mit Kneippabteilung, Bewegungsbad, Meerwasserwellenbad (28°) und Sauna zur Verfügung. Es werden offene Badekuren und ambulante Behandlungen angeboten.

Das größte Glück hat Glücksburg mit seiner Umgebung. Fast 600 ha Wald beginnen am Stadtrand. 20 km Küstenlinie mit Sand- und Naturstränden, Steilküsten und Kliffs sowie ca. 50 km Wanderwege stehen dem Besucher zur Verfügung.

Schloss Glücksburg, „Wiege der europäischen Königshäuser“

Öffnungszeiten: Jan. - März an Wochenenden 10.30 - 15.30
April - Sept. täglich 10.00 - 17.00
Nov. + Dez. an Wochenenden 10.30 - 15.30 Uhr
24.12. + 31.12. geschlossen
Führungen nach tel. Anmeldung Tel.: 0 46 31-22 43

G.G.G.M.F. steht über dem Eingangsportal. Diese Buchstaben stehen für den Wahlspruch: „Gott gebe Glück mit Frieden“. Ob dieser Spruch dem Schloss den Namen gab oder ob er aus dem dänischen Lyckeburg (Luxburg) abgeleitet wurde, konnte bis heute nicht eindeutig geklärt werden. Die beiden dänischen Bezeichnungen tauchen in alten Urkunden auf und bedeuten soviel wie Burg in der Lichtung.

Johann der Jüngere, Herzog von Schleswig-Holstein-Sonderburg, ließ das Schloss vom Baumeister Nikolaus Karies errichten und die Schwennau zu einem Teich aufstauen. Für 6000 lübsche Mark entstand zwischen 1582 und 1587 der prachtvolle Bau, dessen Anblick uns heute noch begeistert. Der Herzog war für seine Sparsamkeit bekannt. Ob deshalb die Steine des alten Klosters in den Schlossmauern verarbeitet wurden?

Das Renaissanceschloss besteht im Kern aus drei nebeneinander gebauten dreigeschossigen Langhäusern mit achteckigen Wohntürmen an den vier Ecken. Ein Teil des Schlosses ist als Museum zu besichtigen. Einen besonderen Eindruck hinterlässt ein romantisches Konzert in den stimmungsvollen Räumen des Schlosses.

Unewatt

Das Dorf Unewatt ist weder ein Museumsdorf noch ein Freilichtmuseum. Das Landschaftsmuseum ist ein ungewöhnliches Museumsprojekt, in dem die vier Museumsinseln dezentral in das Dorf integriert sind und so auf einem Rundgang durch das Dorf besucht werden können.

Zum Museum gehört:

- der rekonstruierte Marxenhof. Er wurde in Süderbrarup abgebaut und steht heute am Eingang des Dorfes.
- die Buttermühle (Wassermühle zur Butterherstellung). Sie steht in der Dorfmitte am wiederangelegten Mühlenteich und wurde nach historischen Unterlagen und Fotografien rekonstruiert.
- die Christesen-Scheune am Dorfrand. Sie wurde nach dem Vorbild des abgebrannten Wirtschaftsgebäudes von 1895 neu aufgebaut.
- die renovierte Windmühle Fortuna, die etwas außerhalb des Dorfes steht. Sie wurde 1878 als Galerieholländer gebaut. Mehrmals im Jahr drehen sich die Flügel im Wind, und die Besucher der Mühle können beim Mahlen des Korns zusehen.

Geltinger Birk

Das Naturschutzgebiet Geltinger Birk war ursprünglich ein

Im Landschaftsmuseum Unewatt

Lagunen- und Flachwassergebiet. Die Äcker und kleinen Wälder waren die Moränen der früheren Inseln Beveroe (Biberinsel), die Wiesen und Schilfgebiete die ehemaligen Meeresarme. Seit dem 16. Jahrhundert wurden zum Schutz der Niederungen Deiche gebaut, doch konnte das Meer immer wieder einbrechen. Nach der Sturmflut von 1872 erhöhte man den Deich auf 2–3 Meter über NN. Um die tiefliegenden Gebiete zu entwässern, baute man einen Entwässerungskanal und zwei Entwässerungsmühlen, wovon aber nur die Mühle Charlotte erhalten blieb.

Seit 1935 ist ein Teil der Birk Naturschutzgebiet. Die Salzwiesen und Feuchtgebiete dienen vielen Vogelarten als Brutstätte. In manchen Jahren können wir hunderte von Graugänsen beobachten, die sich die Wiesen in der Birk als Winterquartier ausgesucht haben, dagegen sind die Höckerschwäne und Kormorane das ganze Jahr über hier zu beobachten.

Vom Parkplatz bei der Mühle „Charlotte“ kann man in ca. drei Std. um das Naturschutzgebiet wandern.

Kappeln

Die leuchtend weiße Mühle ist schon von weitem zu erkennen. Sie beherbergt heute das Touristenbüro und ein Trau-

Mühle Charlotte an der Geltinger Birk

zimmer vom Kappelner Standesamt. Aus ganz Deutschland reisen heiratswillige Paare in die Schleistadt, um sich in der Windmühle „Amanda“ trauen zu lassen. Die 1888 erbaute „Amanda“ ist mit 32 Metern Höhe die höchste Windmühle in Schleswig-Holstein.

Europas letzter Heringszaun befindet sich in Kappeln

Der Name Kappeln wurde von „Kapelle“ abgeleitet, die in dieser Ansiedlung stand. In den Jahren 1789–1793 entstand die spätbarocke St.-Nikolai-Kirche nach den Plänen des „Hamburger Michel“-Baumeisters Sonnin. Der Kirchenname drückt die Verbundenheit der Kappelner mit der See aus, denn St. Nikolaus gilt als der Schutzpatron der Seeleute.

Zwischen der Kirche und der Fußgängerzone liegt das Hotel „Aurora“ - Drehort der ZDF-Serie „Der Landarzt“. In den Sommermonaten ist Kappeln bei den Seglern ein beliebter Hafen. Im Hafenbereich, nördlich der neuen Klappbrücke, befindet sich Europas letzter Heringszaun. Früher standen bis zu 38 dieser Heringszäune in der Schlei, die den Schleifischern im März und April reiche Beute einbrachten, wenn die Heringsschwärme zum Laichen die Schlei hinaufschwammen und sich in den Heringszäunen verfingen.

Arnis

Arnis ist die kleinste Stadt in Deutschland. Über 330 Jahre liegt ihre Gründung zurück. Es waren 64 Kappelner Familien, die der drohenden Leibeigenschaft des Gutsherrn Detlef von Roest entkommen wollten. Sie flüchteten 1667 ins Fürstentum Gottorf (Schleswig). Fürst Christian Albrecht von Gottorf wies ihnen die Schleiinsel Arnis zu und verlieh ihnen die nötigen Rechte für Schifffahrt und Handel. Bei einem „Stadtbummel" entdeckt man sehenswerte Häuser, manche noch mit den vorgebauten Utluchten.

Die Fachwerkkirche, mit dem Glockenturm aus Holz, versteckt sich hinter hohen Bäumen im Südwesten der Stadt. Die Schiffsmodelle in ihrem Innenraum sind Votivgaben, gespendet von Seeleuten als Dank für ihre glückliche Heimkehr.

Wie Arnis zu der Bezeichnung Bad und zu Stadtrechten kam, ist der Informationstafel am Parkplatz zu entnehmen.

Dybbøl

Auf dem Dübbeler Höhenrücken, kurz vor Sønderborg, steht die weithin sichtbare weiße Mühle. In ihr befindet sich ein Museum. Auf der Düppelner Höhe fanden 1864 die entscheidenden Kämpfe zwischen Dänemark und Preußen/

Im Schloss Gottorf, der größten Schlossanlage Schleswig-Holsteins, befinden sich die Landesmuseen

Österreich statt. Auf einem Rundgang zwischen den Feldern zum Wasser hinunter erinnern zahlreiche Gedenksteine an die Gefallenen.

Schleswig
Die älteste Stadt Schleswig-Holsteins ging aus der Wikingersiedlung Haithabu hervor. Die Stadt war ab 947 Bischofsitz. Von 1544 bis 1713 residierten die Herzöge von Schleswig-Holstein-Gottorf im Schloss am Rande der Stadt. Von 1867 bis 1945 war Schleswig Regierungssitz.
Heute gilt die Stadt als Kulturhauptstadt Schleswig-Holsteins. Neben der liebevoll restaurierten Altstadt und der Fischersiedlung Holm, in der es scheint, als ob die Zeit seit 100 Jahren stehen geblieben sei, bietet die Stadt ihren Besuchern zahlreiche Sehenswürdigkeiten.

St.-Petri-Dom
Eine gotische Hallenkirche aus dem 13. bis 15. Jh. mit einem 112 m hohen Turm von 1894. Von den zahlreichen Kunstwerken im Dom ist der Bordesholmer Altar, den Hans Brüggemann zwischen 1514

Eingang zum Städtischen Museum in Schleswig

und 1521 schnitzte, das berühmteste.

Schloss Gottorf
Aus dem 1161 erbauten Bischofsitz entstand zwischen 1544 und 1702 das vierflügelige Renaissance-Schloss, die größte und beeindruckendste Schlossanlage des Landes. In den Räumen des Schlosses hat die Stiftung Schleswig-Holsteinische Landesmuseen

St.-Petri-Dom in Schleswig

einen würdigen und angemessenen Platz gefunden.
Die Museen
Landesmuseum für Kunst und Kulturgeschichte
Archäologisches Landesmuseum
Volkskundliche Sammlungen auf dem Hesterberg
Wikinger-Museum Haithabu
Städtisches Museum
Holm Museum
Museum für Outsiderkunst
Museum am Danewerk
Ausführlichere Informationen bietet der im gleichen Verlag erschienene Stadtführer „Schleswig – Ein Reisebegleiter".

Tourist Information Schleswig:
Plessenstr. 7
Tel. 0 46 21-98 16 17

Gråsten

Von Anfang Mai bis Mitte September kann man mit dem Schiff MS Hansaline jeweils am Sonntag und Montag von Flensburg über Kollund und Glücksburg nach Gråsten fahren.

Das Schloss mit dem ausgedehnten Schlosspark am Nybøl Nor ist Sommersitz der dänischen Königsfamilie.

Daneben bietet der Ort noch „Det lille Papirmuseum“ (das kleine Papiermuseum), in dem Papier in allen möglichen Anwendungen gezeigt wird, von Masken über Anziehpuppen bis zum Papiertheater.

Sønderborg

In der Burganlage aus dem 12. Jh., die die Hafeneinfahrt bewacht, ist das Schlossmuseum mit der kulturhistorischen Sammlung aus Südjütland untergebracht.

Einen Stadtbummel entlang des Hafens und durch die Fußgängerstraße sollte man nicht versäumen.

Ziegelei Cathrineminde

Im 19. Jh. gab es etwa 50 Ziegeleien rund um die Flensburger Förde. Auf dänischer Seite arbeiten heute nur noch wenige am Nybøl Nor. Auf der Halbinsel Broager Land (zwischen Egernsund und Sønderborg) bietet das Ziegeleimuseum Cathrineminde Einblick in die Arbeitsweise solch einer Ziegelei.

Für einen Ausflug mit der Familie bieten sich zwei Freizeitparks an.

Freizeitpark Sommerland Syd in DK-6360 Tingle, Tel. 0045-74 64 22 00
Öffnungszeiten Mai - September, täglich ab 10.00 Uhr
und der Familienfreizeitpark **Tolkschau** in D-24894 Tolk, Tel. 46 22-9 22
Öffnungszeiten Anfang April bis Ende August täglich 10.00 - 18.00 Uhr
September, Mi., Sa. und So. 10.00 - 18.00 Uhr

Anreise

Mit der Bahn

Flensburg ist Endstation der Bahnlinien Hamburg - Flensburg und Kiel - Flensburg sowie Grenzbahnhof nach Dänemark. Von Hamburg kommend, ist oft ein Umsteigen in Neumünster erforderlich.
Der Flensburger Bahnhof liegt südlich des Stadtzentrums. Stadtbusse verkehren zwischen Bahnhof und Innenstadt (ZOB).

Mit dem Auto

Von Hamburg auf der Autobahn A7 in Richtung Dänemark fahren, an der Abfahrt Flensburg die Autobahn verlassen und auf der Schnellstraße B 200 bis zur Abfahrt Flensburg Zentrum fahren. Ein Parkleitsystem führt den Besucher zu diversen Parkmöglichkeiten. Der Großparkplatz an der Exe ist kostenlos.

Übernachten in Flensburg

Ein vollständiges Gastgeberverzeichnis mit Hotels, Pensionen, Ferienhäuser und -wohnungen hält die Tourist-Information bereit

Tourist-Information
Rathausstraße 1/Am ZOB
24937 Flensburg
info@flensburg-tourist.de
Tel.: 04 61-9 09 09 20

-Hotel Mercure
Norderhofenden 6-9
24937 Flensburg
Tel.: 04 61-8 41 10 (90 Zimmer)
Ü/F EZ 92,- €, DZ 120,-€

-Prodomo Hotel
Wilhelmstraße 1
24937 Flensburg
Tel.: 04 61-86 08 0 (74 Zimmer)
Ü/F EZ 44,- €, DZ 62, €

-Hotel am Rathaus
Rote Straße 32-34
24937 Flensburg
Tel.: 04 61-1 73 33-35
(37 Zimmer)
Ü/F EZ 54,- €, DZ 85,- €

-Hotel Central
Neumarkt 1
24937 Flensburg
Tel. 04 61-8 60 00 (55 Zimmer)
Ü/F EZ 55,- €
DZ 102,- €

-Etap Hotel
Süderhofenden 14 (59 Zimmer)
Tel.: 04 61-4 80 89-20
EZ 32,-/35,- €, DZ 39,-/42,- €

-Hotel am Wasserturm
Blasberg 13
24943 Flensburg
Tel.: 04 61-3 15 06 00
(34 Zimmer) Ü/F EZ 50,- €, DZ 85,- €, 3-Bettzimmer 105,- €, 4-Bettzimmer 114,- €

-Hotel Flensburger Hof
Süderhofenden 38
24937 Flensburg
Tel. 04 61-14 19 90
(28 Zimmer) Ü/F EZ 73,- € bis 79,- €, DZ 99,- €

-Landhaus Eric, Hotel (garni)
Glücksburger Straße 177
24943 Flensburg
Tel. 04 61-6 48 95 (15 Zimmer)
Ü/F EZ 49,- €, DZ 78,- €, 3-Bettzimmer 93,- €, 4-Bettzimmer 104,- €

-Hotel Berlin
Schleswiger Straße 10
24941 Flensburg
Tel. 0461-14 43 40

(28 Zimmer) Ü/F EZ 43,- €, DZ 72,- €, 3-Bettzimmer 91,- €, 4-Bettzimmer 114,- €

-Hotel Handwerkerhaus
Augustastraße 2
24937 Flensburg
Tel. 0461-14 48 00 (13 Zimmer) Ü/F EZ 38,- €, DZ 58,- € 3-Bettzimmer 75,- €, 4-Bettzimmer 99,- €

-Hotel Fruerlund
Glücksburger Straße 174
24943 Flensburg
Tel. 04 61 15 08 00
(15 Zimmer) Ü/F EZ 39,- €, DZ 60,- €, 3-Bettzimmer 84,- €, 4-Bettzimmer 98,- €

-Pension Ziesemer
Wilhelmstraße 2
24937 Flensburg
Tel. 04 61-2 51 64 (18 Zimmer) Ü/F EZ 22,- € bis 32,- €, DZ 42,- € bis 56,- €, 4-Bettzimmer 65,- €

-Dittmerts Gasthof
Neumarkt 2
24937 Flensburg
Tel. 04 61-90 91 20 (11 Zimmer) Ü/F EZ 45,- €, DZ 80,-€, 3-Bettzimmer 100,- €

-Hotel Xenia
Süderfischerstraße 2
24937 Flensburg
Tel. 04 61-16 06 20
(9 Zimmer) Ü/F EZ 49,- €, DZ 73,- €, 3-Bettzimmer 98,- €.

-Hotel St. Johannis
Augustastraße 8
24937 Flensburg
Tel. 04 61-2 35 92 (15 Zimmer) Ü/F EZ 22,50 € bis 30,- €, DZ 45,- € bis 56,- €, 3-Bettzimmer 71,- €

Gästehaus Petersen
Husumer Straße 5
24941 Flensburg
Tel. 0461-505 1732
(8 Zimmer) Ü/F DZ 58,- €

Hotels in Glücksburg
-Hotel Intermar
Fördestraße 2-4
24960 Glücksburg
Tel. 046 31-4 90 (80 Zimmer) Ü/F EZ 80,- €, DZ 123,- €

-Alter Meierhof
Uferstraße 1
24960 Glücksburg
Tel. 046 31-6 19 90 (54 Zimmer) Ü/F EZ ab 127,- €, DZ 202,- €, Suite ab 256,- €

Strandhotel Glücksburg
Kirstenstraße 6
24960 Glücksburg
Tel. 046 31-6 14 10
(27 Zimmer) Ü/F EZ ab 95,- €
DZ ab 120,- €, Suite ab 155,- €

-Hotel Reich
Sandwigstraße 17
24960 Glücksburg
Tel. 046 31-24 89 (14 Zimmer)
Ü/F EZ 50,- €, DZ 73,- €,

-Pension Jepsen
Sandwigstraße 12
24960 Glücksburg
Tel. 046 31-4 09 20 (7 Zimmer)
Ü/F EZ 30,- €/40,- €,
DZ 60,- €/63,- €

-Fährhaus Holnis
Halbinsel Holnis
24960 Glücksburg
Tel. 046 31-6 13 30 (9 Zimmer)
Ü/F EZ 52,- €,
DZ 78,- €, Suite ab 96,- €

Jugendherberge
– Jugendherberge Flensburg
Fichtestraße 16
24943 Flensburg
Tel. 04 61-3 77 42

Campingplätze
– Jarplund (an der B 76)
Tel. 04 61-97 90 24

– Glücksburg Holnis
Tel. 0 46 31-62 20 71

– Glücksburg Schwennau
Tel. 0 46 31-26 70

Bootsliegeplätze
Gastsegelhafen an der
Hafenspitze
Tel. 04 61-1 74 99

RESTAURAN
Restaurant

Restaurants

Flensburg bietet seinen Besuchern eine reiche Auswahl an Restaurants. Neben internationaler Küche bieten einige Restaurants lokale Spezialitäten. Besonders Fischgerichte, die fangfrisch zubereitet werden, erfreuen sich großer Beliebtheit.

Restaurantauswahl in Flensburg

Alte Senfmühle
Holmhof 45
Tel.: 04 61-8 07 26

Beefhaus „Im Alten Speicher“
Speicherlinie 44
24937 Flensburg
Tel. 04 61-1 20 18

Börsenkeller
24937 Flensburg
Große Straße 77
Tel.: 04 61-2 33 38

Borgerforeningen
24937 Flensburg
Holm 17
Tel.: 04 61-2 33 85

Café Restaurant Bellevue
24937 Flensburg
An der Hafenspitze
Tel.: 04 61-18 07 40

Calista
im Deutschen Haus
24937 Flensburg
Tel.: 04 61-5 05 10 15

Côté Bretagne
Rote Straße 14
24937 Flensburg
Tel.: 04 61-3 18 68 88

Dittmers Gasthof
24937 Flensburg
Neumarkt 3
Tel.: 04 61-90912-15

Dubrovnik-Steakhouse
24937 Flensburg
Südermarkt 13
Tel.: 04 61-2 45 20

Eckener-Haus
24937 Flensburg
Norderstraße 8

Fährkrog-Restaurant
am Schiffahrtsmuseum
24939 Flensburg
Schiffbrücke 37
Tel.: 04 61-4 80 85 55

A J
Hof-Restaurant

Fischerklause
24939 Flensburg
Schiffbrücke 6
Tel.: 04 61-2 08 75

Hansens Brauerei
24937 Flensburg
Schiffbrücke 16
Tel.: 04 61-1 41 39-0

Hotel „Am Wasserturm"
24943 Flensburg
Blasberg 13
Tel.: 04 61-3 15 06 00

Jessen's Fischperle
Ballastkai 6
24937 Flensburg
Tel.: 04 61-1 82 82 30

Kan In - Gaststätte
24941 Flensburg
Husumer Straße 269
Tel.: 04 61-9 36 34

Macedonia
24937 Flensburg
Wilhelmstraße 2
Tel.: 04 61-2 38 41

Piet Henningsen
24939 Flensburg
Schiffbrücke 20
Tel.: 04 61-2 45 76

Ristorante Italia
24955 Flensburg
Solitüde 13
Tel.: 04 61-3 91 81

Mäder's Restauration
im Werftkontor
Ballastkai 9
24937 Flensburg
Tel.: 04 61-1 50 79 00

Marco
24937 Flensburg
Große Straße 28
Tel.: 04 61-2 25 35

Schwarzer Walfisch
24937 Flensburg
Angelburger Straße 44
Tel.: 04 61-1 35 25

Taverna Kreta
24939 Flensburg
Angelburger Straße 73
Tel.: 04 61-2 88 49

Taverne Nafplion
24937 Flensburg
Südefischerstraße 2
Tel.: 04 61-2 25 39

VIVA, der Mexikaner
Rote Straße 15
24937 Flensburg
Tel.: 04 61-1 82 49 30

Restaurantauswahl in Glücksburg

Alter Meierhof
im Vitalhotel
24960 Glücksburg
Uferstraße 1
Tel.: 046 31-6 19 90

Rosen-Café Rosarium
24960 Glücksburg
Am Schloßpark
Tel.: 046 31-60 10 21

Schloßkeller Glücksburg
im Schloss
24960 Glücksburg
Tel.: 046 31-38 58

Café-Restaurant
Fährhaus Holnis
24960 Glücksburg
Halbinsel Holnis
Tel.: 046 31-6 13 30

König von Dänemark
im Intermar Hotel Glücksburg
24960 Glücksburg
Fördestraße 2-4
Tel.: 046 31-4 90

Quellental
24960 Glücksburg
Am Yachthafen
Tel.: 046 31-85 49

Sprotte Restaurant
24960 Glücksburg
Strandpromenade
Tel.: 046 31-35 63

Strandhotel Glücksburg
24960 Glücksburg
Kirstenstraße 6
Tel.: 046 31-6 14 10

Zur Futterkrippe
24960 Glücksburg
Ruhetaler Weg 30
Tel.: 046 31-9 51

Flensburg von A - Z

Abschleppdienst
Tel.: 0180-2 22 22 22

ADAC, Fördepark
Schleswiger Straße 130
Tel:. 04 61-90 22 00

Apotheken
findet man in der Fußgängerzone zwischen Südermarkt und Nordermarkt sowie am ZOB. Weitere befinden sich im gesamten Stadtgebiet.

Ärztlicher Bereitschaftsdienst
Auskunft: Tel. 04 61-2 24 11
Rettungsleitstelle:
Tel.: 04 61-1 92 22

Auskünfte siehe Information

Bootsliegeplätze
Sportboothafen an der Hafenspitze, Tel.: 04 61-1 74 99

Brauerei Flensburg
Besichtigung und Führungen
Tel:. 04 61-86 30

Büchereien
– Dansk Centralbibliotek
Tel:. 04 61-8 69 70
– Landeszentralbibliothek
Tel.: 04 61-86 06-200
– Stadtbücherei Flensburg
Tel:. 04 61-85 25 69

Buslinien
– Aktiv-Bus
Tel.: 04 61-15 01 70
– AFAG-Busse
Tel.: 04 61-50 31 80
– Förde Bus
Tel.: 04 61-6 16 60

Campingplätze
siehe Übernachten in Flensburg

Campushalle
Campusallee 2
Tel.: 04 61-1 28 00

Deutsche Bahn AG
Auskunft: Tel.: 04 61-86 13 01

Dialyse
Diakonissenanstalt
Auskunft: Tel.: 04 61-8 12 01

Fahrrad-Verleih
Hafermarkt 19
Tel.: 04 61-1 41 31-0

Flughafen Schäferhaus
Tel.: 04 61-9 17 00
Charterflüge, Rundflüge
Fallschirmspringen

Fundbüro
Tel.: 04 61-85 23 95

Hallenbäder
in Flensburg
– Hallenbad Bahnhofstraße
Tel.: 04 61-85 26 51
– Sportland
Raiffeisenstraße 13,
Tel.: 04 61-5 10 47

Information
Tourist-Information und Service
Speicherlinie 40,
Tel.: 04 61-9 09 09 20

Jugendherberge
Flensburg, Fichtestraße 16 Tel.:
04 61-3 77 42

Kinos
– Kinoplex
Süderhofenden 14
Tel.: 04 61-7 07 03
– 51 Stufen
(im Deutschen Haus)
Tel.: 04 61-1 28 00

Kraftfahrt-Bundesamt
Fördestraße 16
Tel.: 04 61-31 60

Konsulat
Kgl. Dänisches Konsulat
Nordergraben 19
Tel.: 04 61-14 40 00

Krankenhäuser
– Ev.-luth. Diakonissenanstalt
Knuthstraße 1
mit Frauen und Kinderklinik
Marienhölzungsweg 4
Tel.: 04 61-8 12 01
– St.-Franziskus-Hospital
Waldstraße 17
Tel.: 04 61-81 60

Kurverwaltung Glücksburg
Tel.: 0 46 31-60 07 70

Wochenmarkt
– Flensburg
auf dem Südermarkt, Mittwoch
und Samstag 8-13 Uhr
– Glücksburg
Marktplatz Schinderdamm
Freitag 14.30-18.00 Uhr

Museen
siehe Seite 30-42
Museen auf dem
Museumsberg
Tel.: 04 61-85 29 56
Naturwissenschaftl. Museum
Tel.: 04 61-85 25 04
Phänomenta
Tel.: 04 61-1 44 49-0
Museumshafen
Museumswerft
Tel.: 04 61-18 22 47
Museumshafen Verein
Tel.: 04 61-2 22 58

Notarzt
Tel.: 112 oder 04 61-1 92 22

Ärztliche Notdienstpraxis
Duburger Straße 70
Tel.: 04 61-57 05 20
Dienstbereit
Mo.-Fr. 19.30–21.30 Uhr
Sa. + So. 10.00–12.00 Uhr und
16.00-18.00 Uhr

Parkleitsystem
– Großparkplatz an der Exe
– Parkhaus Speicherlinie
Tel.: 04 61-1 38 39
– City Parkhaus Rote Straße
Tel.: 04 61-2 26 57
– Parkhaus Holm Passage
Tel.: 04 61-2 19 55
– Parkhaus Karstadt

Post
Hauptpost, Bahnhofstraße 40

Rathaus
Am Pferdewasser
Tel.: 04 61-8 50

Schiffsfahrten
– „Alexandra"
Tel.: 04 61-2 12 32
– Smakke-Jolle „Eurydike"
Tel.: 04 61-18 22 47
– Museumswerft Flensburg
„MS Möwe"
– Reederei Ketelsen
Tel.: 0 461-6 29 45
– „MS Feodora"
Reederei NAS,
Tel.: 04 61-4 93 58-63
– „MS Nordertor"
Nordische Seetouristik GmbH
Tel.: 04 61-61 71-0

Schloss Glücksburg
Tel.: 0 46 31-22 43

Segeln / Mitsegeln
– Traditionssegler,
Tel. 04 61-2 22 58
– Gästehafen,
Tel. 04 61-1 74 99

Segelschule
Hanseatische Yachtschule
Glücksburg,
Tel.: 0 46 31-6 00 00

Sport
Sportland, Raiffeisenstraße 13,
Tel.: 04 61-5 10 47
alle Hallensportarten,
Aktivraum, Fitness-Treff

Stadtführungen
Auskunft erteilt die Tourist-Information
Tel.: 04 61-9 09 09 20

Theater und Konzerte
– Theaterkasse,
Rathausstraße 22
Tel.: 04 61-2 33 88
– Niederdeutsche Bühne
Augustastraße 3-5
Tel.: 04 61-1 37 90
– Orpheus-Theater
Marienstraße 1
Tel.: 04 61-2 31 68
– KuK Volksbad
Tel.: 04 61-2 04 78
– Hjemmet-lille teater
Marienstr. 20,
Tel.: 04 61-2 48 35
– Konzertkasse im
Deutschen Haus
Tel.: 04 61-1 28 00

Tierheim
Westerallee 138,
Tel.: 04 61-5 15 98

Wasserturm
– In der Saison von Mai - September ist die Aussichtsplattform geöffnet.
Auskunft:, Tel.: 04 61-4 87-0

ZOB
Zentraler Omnibus Bahnhof
Süderhofenden

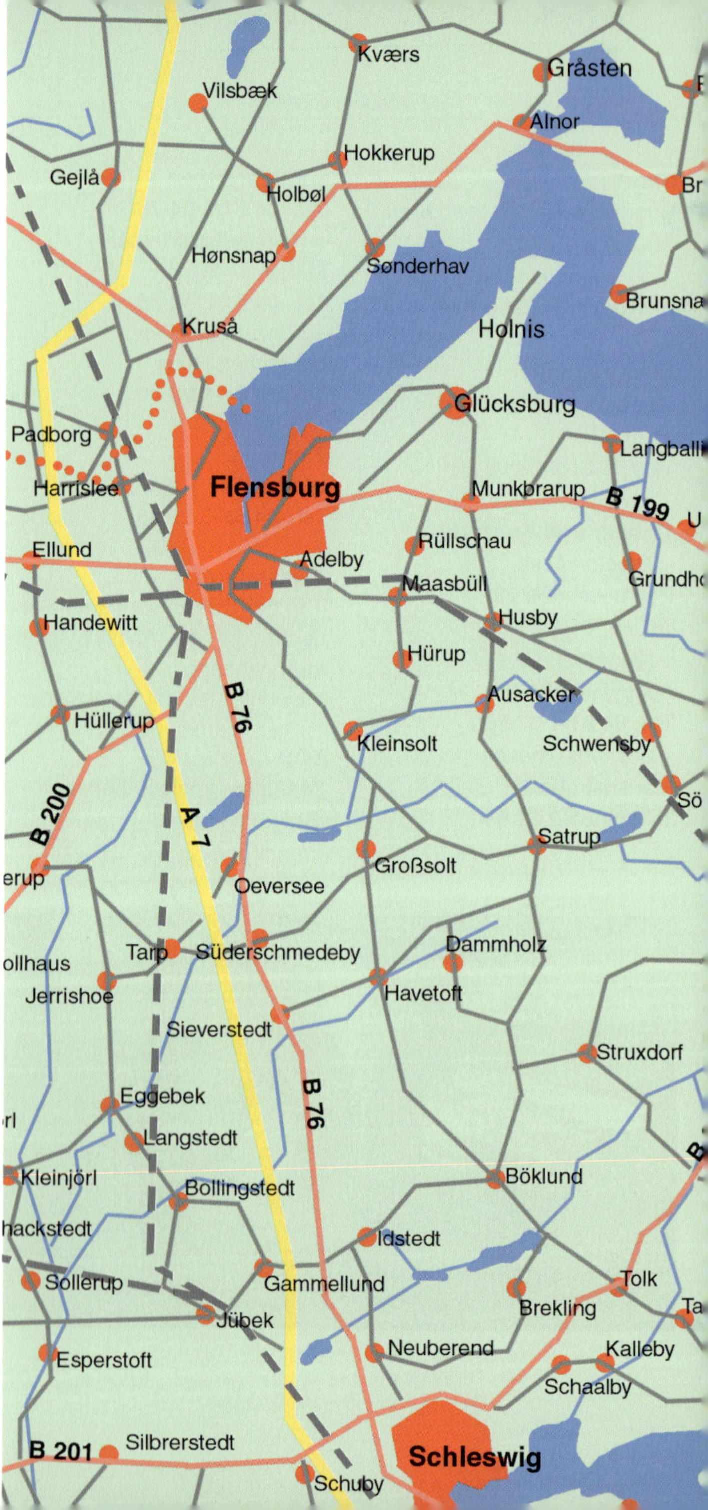

Kværs
Gråsten
Vilsbæk
Alnor
Hokkerup
Gejlå
Holbøl
Br
Hønsnap
Sønderhav
Brunsna
Kruså
Holnis
Glücksburg
Padborg
Langballi
Harrislee
Flensburg
Munkbrarup
B 199
U
Ellund
Rüllschau
Adelby
Grundh
Maasbüll
Handewitt
Husby
Hürup
B 76
Ausacker
Hüllerup
Kleinsolt
Schwensby
B 200
Sö
A 7
Satrup
erup
Großsolt
Oeversee
Dammholz
Tarp
Süderschmedeby
ollhaus
Jerrishoe
Havetoft
Sieverstedt
Struxdorf
B 76
Eggebek
rl
Langstedt
Kleinjörl
Böklund
Bollingstedt
hackstedt
Idstedt
Sollerup
Gammellund
Tolk
Brekling
Ta
Jübek
Neuberend
Kalleby
Esperstoft
Schaalby
B 201
Silbrerstedt
Schleswig
Schuby

Augustenborg
Kær
Tandslet
Mommark
Høruphav
Sønderborg
Skovby
Sønderby
elde
Falshöft
Steinbergkirche
Pommerby
Westerholm
Gelting
rup
Kronsgaard
Esgrus
Hasselberg
Grünholz
Rabel
Maasholm
Oersberg
rch
Kappeln
Norderbrarup
Olpenitz
Süderbrarup
Arnis
Karby
Schönhagen
B 203
nfeld
Sieseby
Thumby
Lindaunis
Damp
snis
Rieseby
Holzdorf
Waabs
Bohnert
nde
Loose

Veranstaltungen

Ein aktueller Veranstaltungskalender erscheint monatlich und ist in der Tourist-Information am ZOB erhältlich.
www.flensburg.de

Flohmärkte
finden am 1. und 3. Donnerstag im Monat auf dem Südermarkt statt, Hallenflohmärkte meist einmal im Monat im Erlebnis-Center Sportland und in der Campushalle

April
Jahrmarkt / Frühjahrsmarkt auf der Exe

Mai
Rum Regatta
– Seit fast 30. Jahren treffen sich im Mai historische, segelnde Berufsschiffe zur Regatta auf der Förde.
Buntes Ramenprogramm rund um die Hafenspitze
www.museumshafen-flensburg.de

Juni
– Robbe & Berking Classics
Edle klassische Yachten, von der 5,5 mR bis zu den 12mR-Yachten, segeln auf der Förde um den R&B-Sterling-Cup
Und im Hafen sind alte Motor- und Segelyachten zu bestaunen.
www.classic.robbeberking.de
– Dänisches Jahrestreffen
– Rote Straße Fest

Juli
– Tinneff & Tüddelkram
Der etwas andere Flohmarkt in der Roten Straße
– Flensburger Dampf Rundum
Alle zwei Jahre findet das Treffen der traditionellen Dampfschiffe statt, mit Dampferparade und Dampfermarkt.

Juli / August
– Flensburger Hofkultur
– Schleswig-Holstein-Musikfestival

September
– Flensburger Fördewoche
– Segeln auf der Flensburger Förde
– Jahrmarkt / Herbstmarkt auf der Exe
- Flensburger YOU!MM European Minorty Maraton www.you-mm.de

Oktober
Apfelfahrt der Traditionssegler mit anschließendem Apfelverkauf im Museumshafen

Dezember
– Weihnachtsmarkt auf dem Südermarkt, in der Fußgängerzone „Holm" und „Große Straße".
– Grogtörn der Traditionssegler

Register